Claire Schmid

Al Fine

Ein Lehrgang für Sopranblockflöte

Fortsetzungsband von ***Da Capo***

Bestell- und Versandadresse in Deutschland:
(Das Buch ist nicht im Handel erhältlich.)

Verlag Claire Schmid
Versand E. Laugwitz
Untere Markenhalde 14
72461 Albstadt
Tel. und Fax: 07432 / 17 14 83

Verlag Claire Schmid,
CH-8315 Lindau / Schweiz
Tel: 0041 52 345 21 96

*Streichen Sie **Al Fine** ab Seite 2 kräftig auseinander, so dass das Buch in der Mitte **ganz flach** liegt. Es können keine Seiten herausfallen.*

Copyrights der Zeichnungen:
Jana Parel, Illustratorin, 8307 Effretikon: Seite 14
Hans Fullin, 4125 Riehen: Seite 72
Hanspeter Schmid, 8315 Lindau: Seiten 22, 24, 28
Nathanael Schmid, 8315 Lindau: (mit dem Computer) Seiten 27, 28,110
Claire Schmid, 8315 Lindau: Seiten 34, 35, 108, 109,

Copyrights der Fotos:
Wiedergabe genehmigt: Société des Produits Nestlé S. A: Seiten 62,11
Jürg Brandenberger, 8315 Lindau: Seite 81
rk-design, D-51427 Bergisch Gladbach: Seite 88
B.Ressnig, 8304 Wallisellen: Seiten 42, 77
Claire Schmid: Seiten 4,16, 23, 44, 55, 78, 80, 93, 97, 105,93
Küng Blockflötenbau, 8200 Schaffhausen: Seite 4
Dai Kimoto, 8590 Romanshorn: Seiten 8, 59, 64, 87, 101
Mary Evans Picture Library, London SE3 OBS: Seiten 32, 66, 85, 94
Chr. Sonderegger, 9424 Rheineck: Seiten 13, 18, 31, 46, 47, 104,100
Gabi Spielmann, 8315 Lindau: Seite 40
R. Kunz, 8600 Dübendorf: Seiten 38, 65
Staatsarchiv, D-20354 Hamburg: Seite 20
Beyeler foto-kino, 8001 Zürich: Seite 10
Hans Künzi, 8340 Hinwil: Seiten 73, 75
Jörg Buess, 4059 Basel: Seiten 6, 72
Martin Waldmeier, 8610 Uster: Seite 17
Fernand Rausser, 3065 Bolligen: Seite 69
W. Madörin, 8560 Märstetten: Seite 70

Ein besonderer Dank gilt meiner Schwester Agathe Bodmer für die sorgfältige Durchsicht der Texte und Herrn André Fischer, Konservatorium Zürich, der alles Musikalische korrigiert und mir mit vielen guten Ratschlägen zur Seite gestanden hat.

Meinem Mann Hanspeter und den Kindern Lukas, Salome und Nathanael danke ich für ihr Verständnis, für ihre Unterstützung und Anteilnahme an meiner Arbeit.

Liebe Benützerinnen und Benützer dieses Lehrgangs

Weshalb nicht kopieren? Es ist doch so bequem, naheliegend und einfach! Man kann sich auf diese Art seine eigene Flötenschule zusammenstellen - oder richtiger: zusammenstehlen. Ich muss es leider sagen: Kopieren ist gestohlen! Bedenken Sie, für die Gestaltung jeder einzelnen Seite (Noten setzen, Texte schreiben, Bilder suchen, das Layout erstellen usw.) habe ich viele Stunden investiert. Ich habe Computerprogramme und Geräte gekauft und für Abdruckrechte bezahlt.

Sie dürfen nun aber mit gutem Gewissen aus diesem Buch kopieren, wenn Sie pro Kopie das bezahlen, was jeder, der dieses Buch kauft, für eine Seite auch bezahlt. Notieren Sie sich deshalb die Anzahl Ihrer Kopien und bezahlen Sie Ende Schuljahr

DM -.20 pro Kopie
(Verwendungszweck: 'für Kopien Al Fine') auf folgendes Konto ein:
Verlag Claire Schmid, Sparkasse Zollernalb, 72461 Albstadt, Girokonto 33 025 090, BLZ 653 512 60

Von dieser Regelung sind die
Seiten 34/35 und 106/107 ausgeschlossen

1. Auflage: Frühling 1996

Notensatz, Gestaltung, ©: Claire Schmid, CH-8315 Lindau, Schweiz
Druck: Jordi AG, CH-3123 Belp

ISBN: 3-9520393-4-9

Vorwort

Liebe Blockflötenlehrerin, lieber Blockflötenlehrer

Al Fine setzt den Blockflötenlehrgang ***Da Capo*** fort. Wichtigstes Anliegen bleibt, dass die Kinder Freude am Musizieren haben.

Ausserdem soll es die jungen Musikantinnen und Musikanten weiterführen im Spiel auf der Sopranblockflöte (barocke Bohrung) und sie mit den Grundbegriffen der Musik bekannt machen.

Mit ***Al Fine*** möchte ich Ihnen ein Gerüst für den Unterricht in die Hand geben. Ich bin mir bewusst, dass dieser Lehrgang nicht jedem von Ihnen hundertprozentig entspricht. Es war deshalb mein Bestreben, viel Notenmaterial verschiedenen Stils aufzunehmen, damit Sie Spielraum haben und auswählen können, was Sie für Ihre Schüler passend finden. Lassen Sie weg, was Ihnen zu schwierig erscheint (eventuell die Verzierungen, oder as und gis). Es gibt weiter hinten im Buch noch einige Stücke, die nicht so schwer sind. Anspruchsvolle Begleitstimmen üben vielleicht nur die 'Profis', tief gesetzte verstärken oder übernehmen Sie mit der Altblockflöte.

Atemführung, Blasintensität und Phrasierung werden im Buch kaum erwähnt. Erfahrungsgemäss muss man im Unterricht zwar immer wieder darauf hinweisen. Aber Vorspielen und Demonstrieren scheinen mir da sinnvoller als lange Beschreibungen, die vom Schüler meistens doch nicht beachtet werden.

Auch enthält ***Al Fine*** weder Hinweise noch Hilfsgriffe zur Intonation. In grösseren Gruppen mit verschieden begabten Kindern, wie wir sie in der Schule haben, ist die sicher nötige Arbeit an der Intonation eher schwierig und sehr zeitraubend. Sie müssen selber abschätzen, wieviel Sie in dieser Hinsicht investieren und von den Schülern verlangen können, ohne dass diese die Freude am Musizieren verlieren.

Für Klangexperimente, Klanggeschichten und Spiel nach Bildern finden Sie in ***Al Fine*** lediglich eine Anregung (auf Seite 103). Ich denke, dass eine solche Ausdrucksweise je nach der Persönlichkeit und Spontaneität des Lehrers und der Zusammensetzung der Gruppe ohnehin individuell gestaltet wird.

Bei einigen Stücken habe ich Artikulationszeichen eingetragen, damit man während der Flötenstunde mit dem Einzeichnen nicht zu viel Zeit verliert; diese Zeichensetzungen verstehen sich aber nur als Vorschläge.

Fingerübungen habe ich keine aufgenommen. Statt dessen können einzelne Takte aus den Stükken mehrmals hintereinander gespielt werden. Die Taktnumerierungen helfen dabei.

Lehrerinnen und Lehrern empfehle ich das Heft "Gedanken zum Blockflötenunterricht" von Manfredo Zimmermann, Verlag G. Ricordi & Co.

Al Fine kann im Gruppen- und Einzelunterricht verwendet werden.

Nun wünsche ich Ihnen und Ihren Schülern viele frohe Stunden beim gemeinsamen Musizieren.

Claire Schmid

Die Blockflötenfamilie

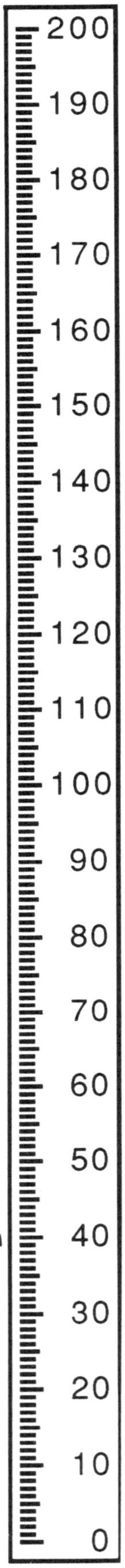

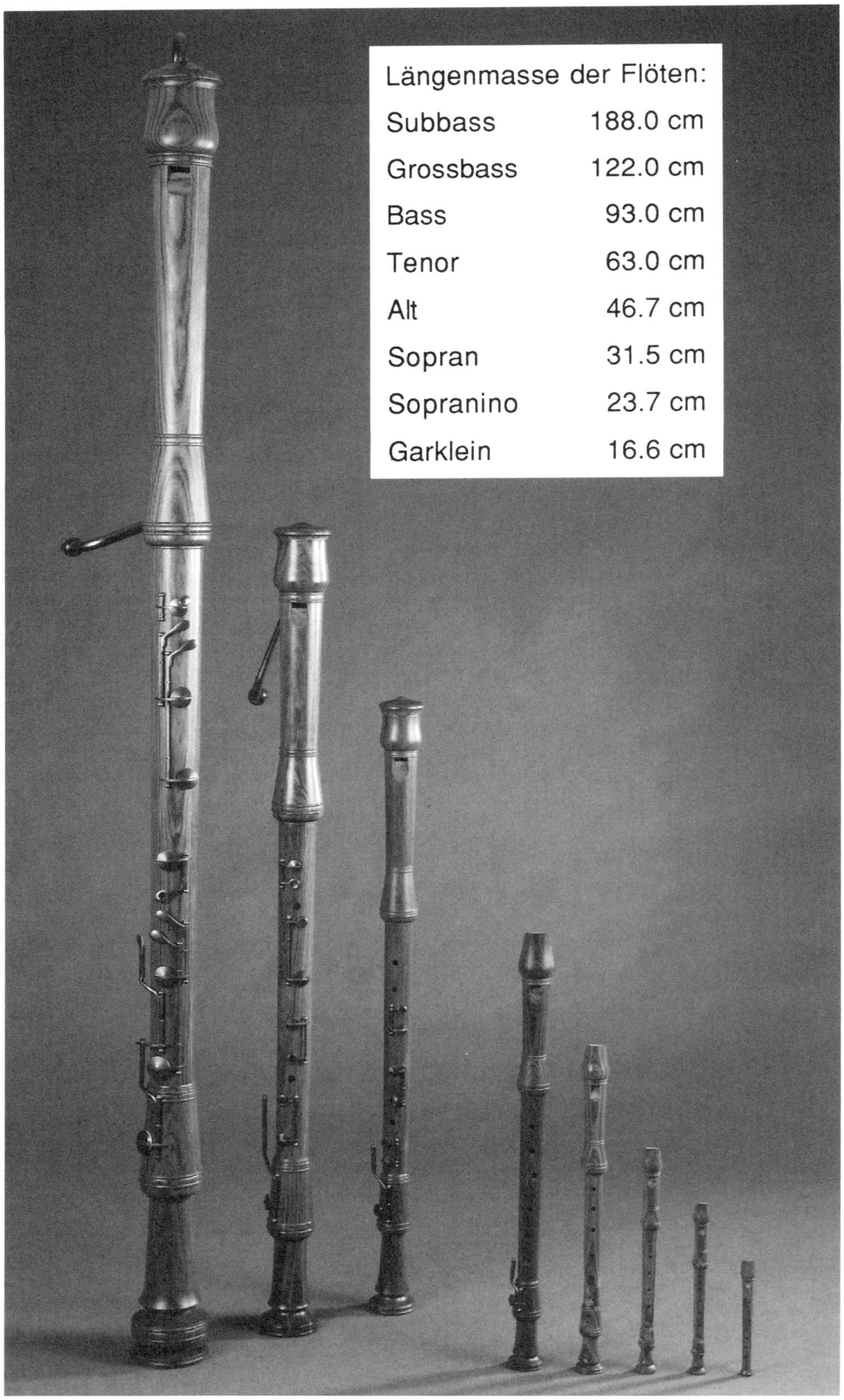

Längenmasse der Flöten:	
Subbass	188.0 cm
Grossbass	122.0 cm
Bass	93.0 cm
Tenor	63.0 cm
Alt	46.7 cm
Sopran	31.5 cm
Sopranino	23.7 cm
Garklein	16.6 cm

Miss Deine Eltern und Geschwister und trage ihre Grösse auf dem Massstab ein.
Ist Dein Vater so gross wie der Subbass?

Nun können wir die ganze **F-Dur Tonleiter** spielen:

1 

Spiele die Viertel auch in folgenden Rhythmen: 

Liederrätsel: in den folgenden Nummern sind Lieder versteckt. Wer erkennt sie?

2 

3 

4 

5 

6 

aus Slowenien

7

Satz: C. Sch.

aus Slowenien

aus Schwaben

8

Satz: C. Sch.

aus Schwaben

W. A. Mozart (1756-1991)

9

nach Ch. A. Overbeck (1755-1821)

Volksweise

10

überliefert

11

überliefert

12

Das Horn oder Waldhorn wird sowohl in Blasmusiken wie in Kammerorchestern gespielt.

unbekannt

13

Farandole (Tanz aus der Provence)

aus Frankreich

14

Satz: C. Sch.

Farandole soll leicht und fröhlich klingen. Das kannst Du erreichen, wenn Du die Achtel der Dreiergruppen verschieden artikulierst:

'Sprich' den Anfang des Tones mehr oder weniger hart oder weich aus: "tü" --- "dü" --- "rü"! Spiele die Töne kurz oder lang!

Artikulationsvorschläge:

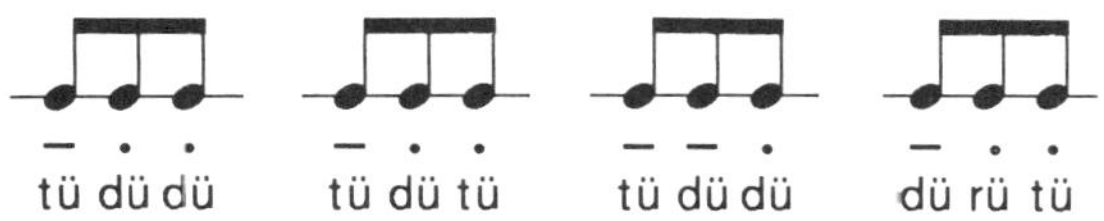

Spielt einander die verschiedenen Möglichkeiten vor! Was gefällt Euch am besten? Zeichnet die Artikulationszeichen (– •) und die Artikulationskonsonanten (t / d / r) ein!

The Bluebells of Scotland

aus Schottland

15

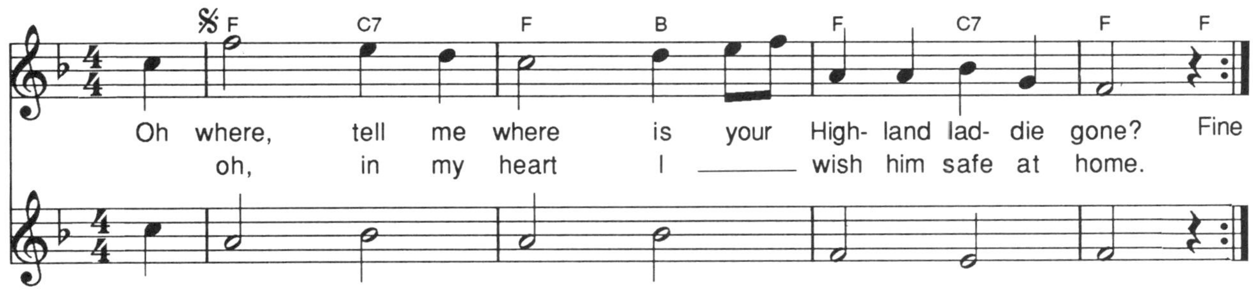

Satz: C. Sch.

16 Züricher Sechseläuten - Marsch (Alter Jägermarsch, 1813)

* hohes g! Wer probiert's? (Siehe Seite 18)

Der Wächter auf dem Turme sass

Volkslied

17

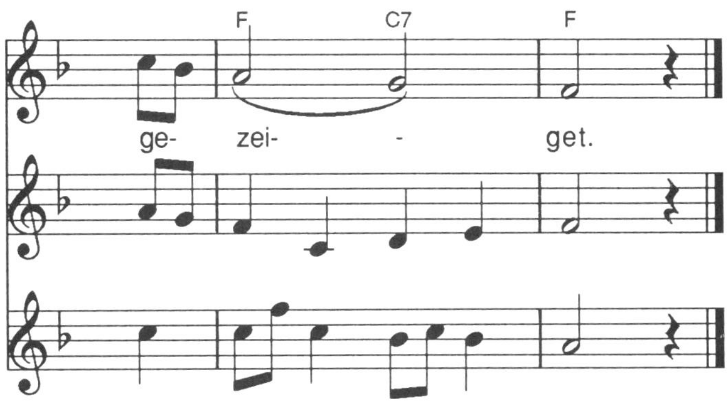

Satz: C. Sch.

Zum 'Sechseläuten - Marsch' auf Seite 10:
'Sechseläuten' ist das Züricher Frühlingsfest, das jedes Jahr am 3. Aprilwochenende stattfindet. Als Höhepunkt wird am Montag um 18 Uhr ein Schneemann (Bögg) verbrannt, während die Zünfte um das Feuer reiten.

Die Triole

Die Triole hat auf einen Schlag drei gleich lange Noten.

Vierteltriolen: 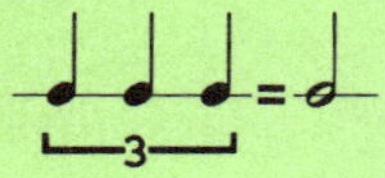

Achteltriolen: 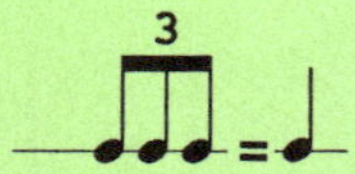

Sechzehnteltriolen: 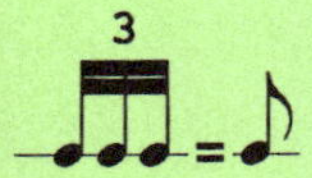

Es gibt keinen Stein, der so lang ist wie eine Note der Achteltriole.

Bemale deshalb einen Viertelstein:

ta ti tu

oder

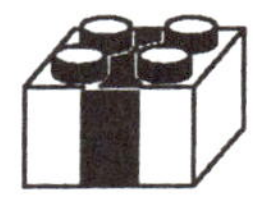

ta ti tu

18

Satz: C. Schmid ©: Zürcher Liederbuchanstalt, Postfach 69, CH-8060 Zürich

T. und M. : J. Randegger

Rätsel

C. Sch.

19

Im November findet jedes Jahr in Bern der traditionelle Zwiebelmarkt (Zibelemärit) statt. Rote und gelbe Zwiebeln werden zu dekorativen Kränzen und Zöpfen geflochten und verkauft.

C. Sch.

20

aus Frankreich

21

Johann Sebastian Bach
1685 - 1750

Johann Sebastian Bach wurde 1685 in Eisenach (Deutschland) in eine Musikerfamilie hinein geboren. Sein Vater lehrte ihn Geige spielen. Als er neunjährig war, starb seine Mutter; ein Jahr später verlor er auch seinen Vater. Sein ältester Bruder nahm ihn zu sich und lehrte ihn Klavier und Orgel spielen. Johann Sebastian sang in einem Chor, womit er sich ein wenig Geld verdiente, und zeigte eine aussergewöhnliche Begabung für verschiedene !nstrumente.

Als Bach 18 Jahre alt war, bekam er eine Stelle als Organist in Arnstadt. Neben diesem Amt hatte er viel Zeit zum Üben und Komponieren. Um Konzerte von Buxtehude zu besuchen, ging er zu Fuss nach Lübeck (320 km entfernt) und verärgerte seine Vorgesetzten damit, dass er zwei Monate später zurückkam, als abgemacht war. Auch waren die Arnstädter nicht einverstanden mit seiner 'modernen' Spielweise. Kein Wunder, dass er die Stelle wechselte. Überall, wo er angestellt wurde, verlangte er zuerst, dass die Orgel umgebaut würde.

1707 heiratete Bach Maria Barbara Bach, die entfernt mit ihm verwandt war. Neun Jahre später erhielt er den Posten des Kapellmeisters beim jungen Fürsten Leopold in Köthen. Dieser hatte selber Musik studiert und spielte im Hoforchester mit. Einmal musste Bach nach Berlin reisen, um für ihn ein neues Cembalo zu kaufen. Dort bat ihn der Markgraf von Brandenburg um einige Kompositionen, worauf Bach die sechs Brandenburgischen Konzerte schrieb.

Nach 13 Jahren Ehe starb Maria Barbara, und die fünf Kinder brauchten wieder eine Mutter. 1721 heiratete der 36jährige Bach die 20jährige Anna Magdalena Wülcken, eine Musikerin und Sängerin. Sie bekam noch zwölf Kinder, von denen sechs klein starben. Bach war ein guter Ehemann und Vater. Mehrere seiner Söhne wurden Musiker.

1722 wurde die begehrte Stelle des Kantors an der Thomasschule in Leipzig frei. Bach bekam sie und wurde dadurch auch musikalischer Leiter der städtischen Hauptkirchen. Das bedeutete, dass er neben dem Unterricht an der Schule und der Aufsicht über die Schüler für jeden Sonntag Stücke für Orgel, Chor und Orchester komponieren und dann auch mit den Musikern und Sängern einüben musste. In den ersten fünf Jahren in Leipzig schrieb er etwa 600 Kantaten (Werke für einen oder mehrere Solisten, mit oder ohne Chor, begleitet von einem Orchester), dazu viele Motetten (Chorwerke), unzählige Kompositionen für die Orgel usw. Er war so produktiv, dass die Bach-Gesellschaft später 46 Jahre brauchte, um alle seine Werke zu sammeln und herauszugeben. Beethoven sagte einmal über ihn: "Nicht 'Bach', sondern 'Meer' sollte er heissen, wegen seines unendlichen, unerschöpflichen Reichtums an Tonkombinationen und Harmonien!" In seinen letzten Lebensjahren erblindete Bach. Er starb 65jährig und wurde in Leipzig begraben.

Auf die Frage, wozu er überhaupt Musik komponiere, antwortete Johann Sebastian Bach: "Zur Ehre Gottes und zur Erholung des Gemütes."

Menuett (aus dem "Notenbüchlein für Anna Magdalena Bach") J. S. (1685-1750)

Menuett

Johann Sebastian Bach (1685-1750)

23

2. Stimme bearbeitet: C. Sch.

Spiele bei diesem Stück die Noten mit dem Punkt nicht zu kurz, nicht spitzig; artikuliere weich! Man nennt das **Non Legato.** Das Zeichen dafür (–̣) wird sozusagen nie geschrieben.

Hier hast Du die Artikulationsarten im Überblick:

Artikulationsarten

Legato | **Portato** | **Non legato** | **Staccato**

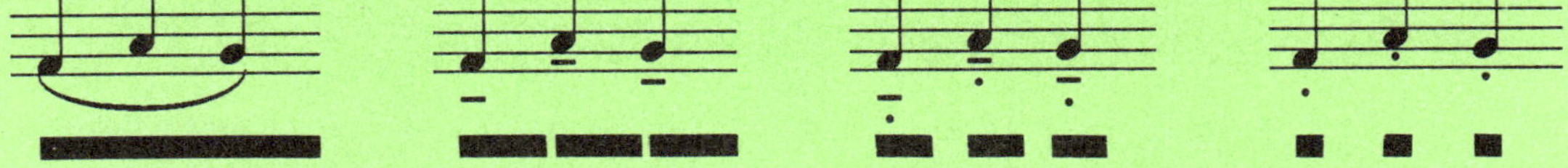

düüüüüüüüüüüüü | düüü düüü düüü | düüd düüd düüd | tüd tüd tüd

Tanzen und Springen

Hans Leo Hassler (1554-1612)

24

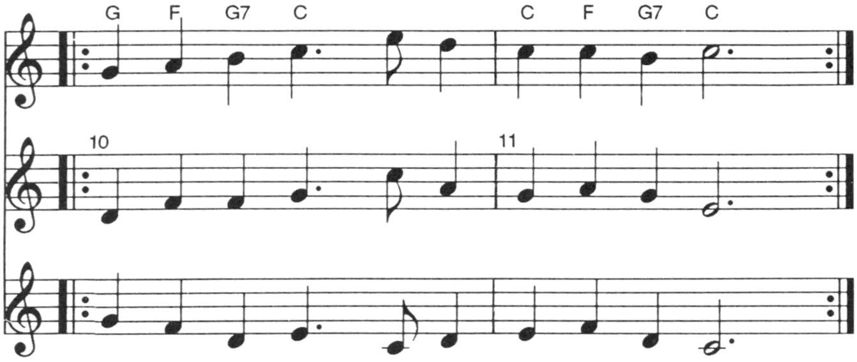

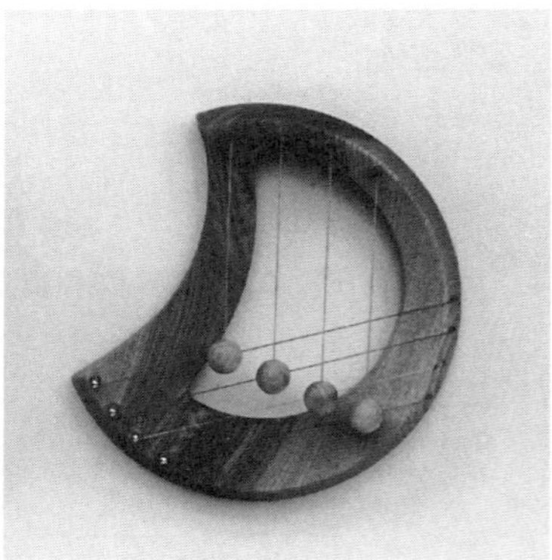

Kennst Du dieses Instrument?
Von wem wird es gespielt?

Die Oboe ist das am höchsten klingende Holzblasinstrument der Doppelrohrblattfamilie. Diese Instrumentenfamilie heisst so, weil der Ton dadurch entsteht, dass zwei aufeinandergepasste und zusammengebundene Rohrblätter in Schwingungen versetzt werden, und zwar so: Die Oboisten drücken das Doppelrohrblatt mit den Lippen zusammen und pressen die Luft hindurch.

Da die Rohrblätter im besten Fall nur etwa drei Monate halten, müssen die Oboisten immer wieder neue Rohre aus speziellem Schilf anfertigen. Sie beschneiden und schaben die Rohrblätter, bis sie ganz dünn sind, binden sie zusammen und setzen sie ins Mundstück ein.

Variation über ein Lied von Merla Watson

C. Sch.

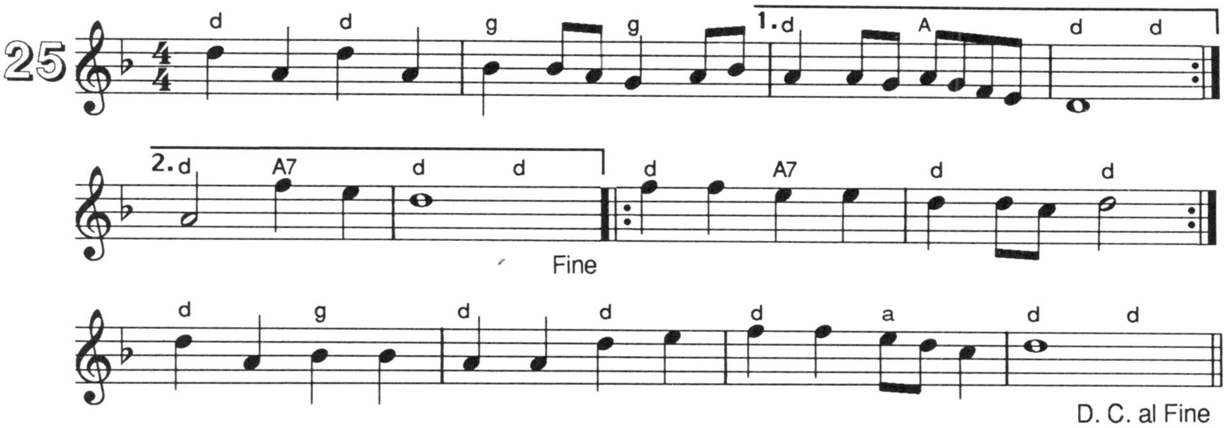

aus Amerika

27 Schreibe und spiele!
Verbinde kurze Notenwerte, die zusammen so lang sind wie ein Viertel, mit einem Balken!
Diskutiert vor dem Schreiben, welche Möglichkeiten vorkommen könnten!

Violinschlüssel | Vorzeichen für F-Dur | Taktangabe | c hoch f ho e ho d ho c hoch a | Taktstrich | g a b a f tief g e tief c tief | Taktstrich | c hoch e hoch | Taktstrich | f hoch

V A A A pkt.V A | A S S pkt.A S A A V | V V H | Ganze

Triolen (A A A) — Pause (H)

DER TON g''

28

29

30

31

32 Jig (Schottischer Tanz)

Artikuliere jede Linie anders! Setze jeweils im ersten Takt die Artikulationszeichen (siehe Seite 15), und schreibe die Artikulationskonsonanten (siehe Seite 9) unter die Noten!

Kennst Du jemanden, der Dich mit der Gitarre begleiten könnte?

33

Georg Philipp Telemann
1681-1767

Schon als Elfjähriger komponierte Georg Philipp Telemann fleissig, unterschrieb aber mit einem erfundenen Namen und liess seine Werke 'zufällig' in die Hände von Dirigenten kommen, die sie aufführten. Er hörte dann die Leute den Komponisten, der er selber war, loben. Das machte ihn kühn: Er schrieb mit zwölf Jahren eine Oper, in der er selbst die Hauptrolle sang.

Die Mutter (der Vater war früh gestorben) wollte nicht, dass ihr Sohn Musiker würde, denn dies war damals kein angesehener Beruf. Sie nahm ihm alle Instrumente weg und steckte ihn in ein Gymnasium. Ihrer Meinung nach sollte er Jurist werden. Der Rektor aber hatte Verständnis für die Begabung Telemanns, und er bekam Unterricht in Klavier, Orgel, Violine, Flöte und Chalumeau, einem Vorgängerinstrument der Klarinette.

Schliesslich durfte er doch Musiker werden. Als Direktor des Opernhauses in Leipzig schrieb er über 20 Opern, von manchen nicht nur die Musik, sondern auch den Text in Versform.

Später war er in Hamburg am Opernhaus und als Kirchenmusikdirektor tätig. Er komponierte rastlos und organisierte sogar Konzerte in seiner eigenen Wohnung.

Telemanns Familienleben blieb nicht ohne Sorgen. Sieben von den neun Kindern starben früh. Seine zweite Frau lief ihm davon und hinterliess eine Menge Schulden. Obwohl ihm Freunde halfen, musste er bis zum Tod hart arbeiten, um Geld zu verdienen. Verleger, die seine Werke druckten und verkauften, wurden daran reich und gaben ihm nur eine kleine Entschädigung. Er kämpfte für das künstlerische Urheberrecht. Einige seiner Kompositionen hat Telemann sogar selber in kupferne Druckerplatten gestochen.

Die Vielseitigkeit des fleissigen und sparsamen Mannes kannte keine Grenzen: In seiner spärlichen Freizeit sammelte er Pflanzen. Händel, mit dem er sein Leben lang befreundet war, schickte ihm etliche Male von London eine Kiste mit botanischen Neuheiten für sein Herbarium. Fast blind starb Telemann im Alter von 86 Jahren.

Menuett

Georg Philipp Telemann (1681-1767)

Allegro assai (Kanon)

Georg Philipp Telemann (1681-1767)

Allegretto

nach Philibert de Lavigne, 1740

Allegro und **Allegretto** sind Tempobezeichnungen. Diese Titel sagen, wie schnell ein Stück gespielt werden muss. Aber was bedeuten sie? Hier ein kleiner Italienischkurs:

presto	sehr schnell	moderato	mässig
vivace	lebhaft	andante	gehend
allegro	schnell	adagio	langsam, gemächlich
assai	sehr	lento	langsam
allegretto	nicht ganz so schnell wie Allegro	largo	sehr langsam, breit
		grave	schwer, sehr langsam

aus Amerika

Die gestrichelten Bindebogen gelten für die Wiederholung. Spiele: 

Vergleiche Nr. 37 mit den obern beiden Stücken! Vielleicht können Dir dabei folgende Wörter helfen:

Barockzeit (ca. 1565-1770) populär klassisch

AMERIKA volkstümlich DEUTSCHLAND

Lied Instrumentalstück

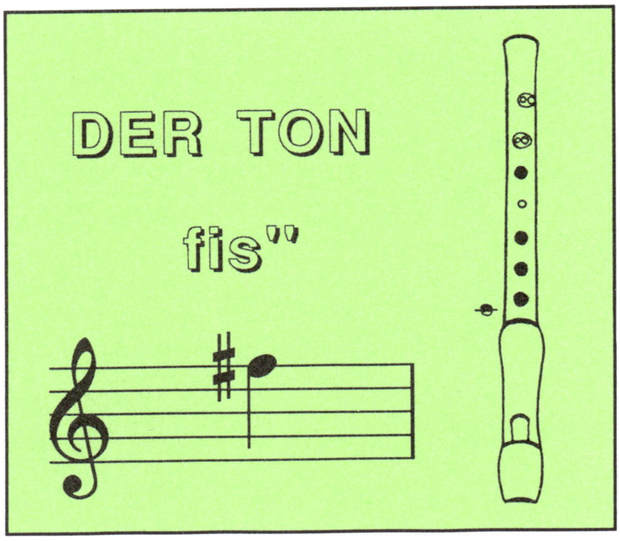

Nun können wir die ganze **G-Dur Tonleiter** spielen:

38 

Schreibe die Noten an!

39 

40 

41 

42 

Die Flatterzunge
(eine besondere Art zu artikulieren)

Rolle das rrrr, lass die Zunge flattern!
(Wenn es vorn nicht geht, rolle hinten!)

43 Schneemannschottisch

C. Sch.

44

Suche Dir irgend ein Lied oder Stück aus und artikuliere an geeigneter Stelle mit einer Flatterzunge!

Die Synkope

Bei einer Synkope fällt die Betonung (der Akzent >) auf einen unbetonten Schlag des Taktes. Der vorhergehende Ton wird auch betont, aber kurz gespielt (staccato •).

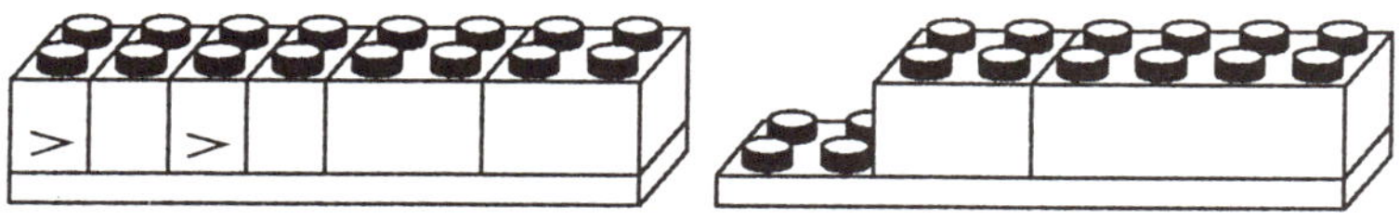

ta te ta te ta ta (Paus) **ta ta- a**

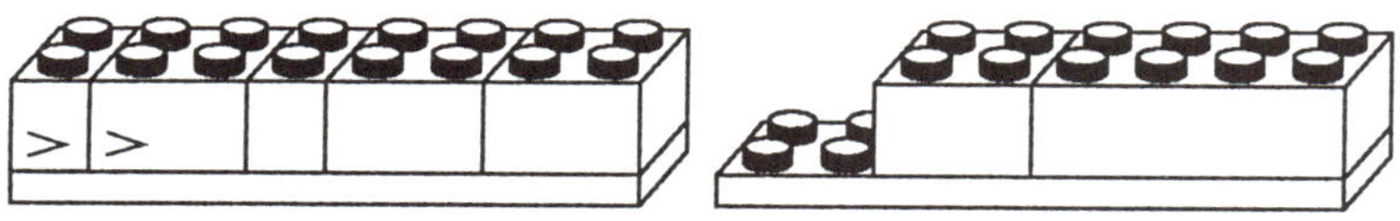

ta te-a te ta ta (Paus) **ta ta- a**

Al- les vor-bei Tom Doo- ley

45 Tom Dooley

aus Amerika

Satz: C. Sch.

Hast Du gewusst, dass Tom Dooley wirklich gelebt hat? Er hiess Thomas Dula und wurde am 1. Mai 1868 im Amerikanischen Bundesstaat North Carolina hingerichtet, weil er Laura Foster ermordet hatte. Keine schöne Geschichte! Gefällt Dir die Melodie trotzdem?

Zähle alle Takte auf dieser Seite, in denen es Synkopen hat!

Ich kenne einen Cowboy

aus Amerika

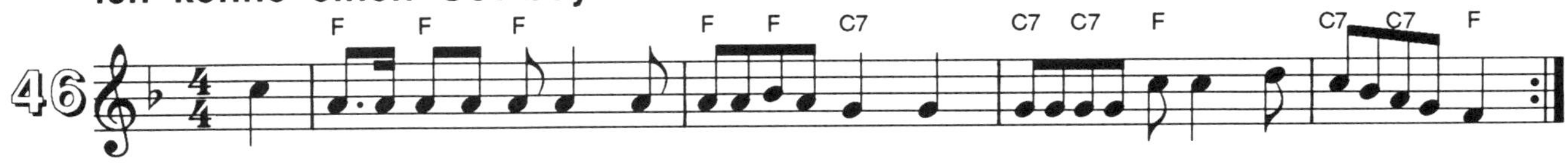

Išla Marina (Hinter Marina)

aus der Slowakei

Ayer por la mañana (Gestern früh)

aus Kolumbien

Der Bergbach

aus der Schweiz (C. Sch.)

Es gibt Singbücher, in denen die erste und die zweite Stimme im gleichen Notensystem geschrieben sind. Diese Notation spart Platz. Mit etwas Übung kannst Du sie sicher bald gut lesen.

Kommst du zum Tanz mit mir

aus England

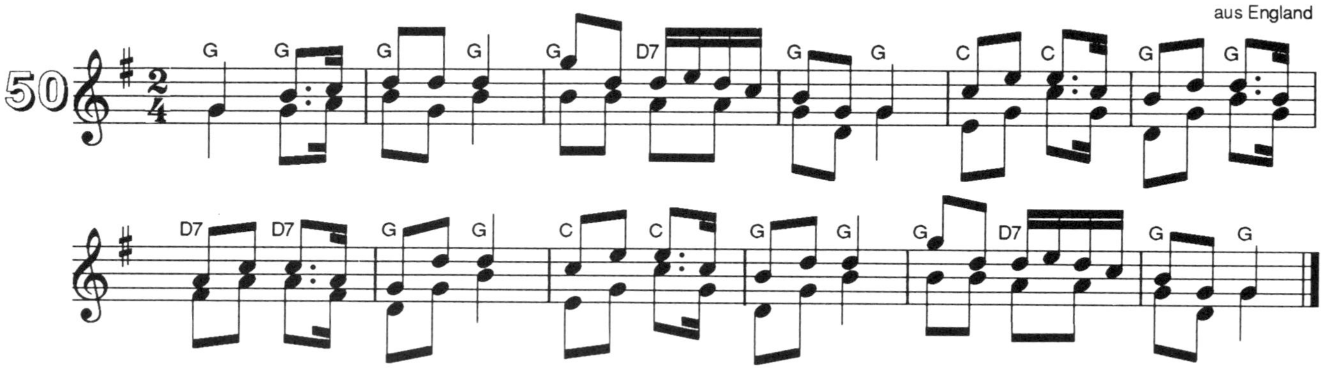

DER TON a''

Hohe Töne gelingen besser, wenn Du das Daumenloch nur ganz wenig öffnest.

51 

52 

53 

Versuche eine A-Dur Tonleiter zu spielen!

Sicher hast Du gemerkt, dass uns noch einige Töne dazu fehlen.
Weisst du noch, was bei der Dur-Tonleiter das Besondere ist? (....Halbtonschritte...wo?)

A-Dur hat drei Kreuze als Vorzeichen: 

Das erste Kreuz steht auf der Höhe des **f** und macht daraus ein ***fis.*** (Das können wir spielen.)
Das zweite Kreuz steht auf der Höhe des __ und macht daraus ein ___ . (Das lernen wir später.)
Das dritte Kreuz steht auf der Höhe des __ und macht daraus ein ___ . (Das lernen wir später.)

Dafür können wir die **a-Moll** Tonleiter spielen:

54 

Bezeichne die Halbtonschritte. Weisst Du noch wie? So: .... 
Vielleicht kann Dir das Klavier helfen herauszufinden, wo sie sind.

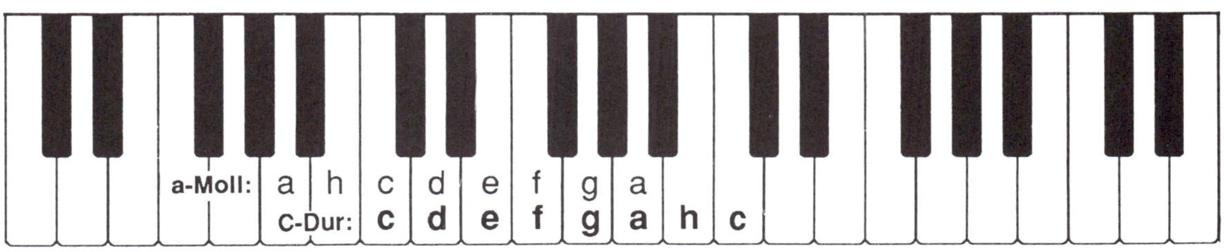

Dur und Moll

Was ist der Unterschied? - Die Halbtonschritte liegen anders!

Zu jeder Dur-Tonleiter gehört eine parallel verlaufende Moll-Tonleiter, die $1^1/_2$ Tonschritte tiefer beginnt und dieselben Vorzeichen hat. Wenn in dieser Moll-Tonleiter genau die gleichen Töne vorkommen wie in der paralellen Dur-Tonleiter, dann ist es **reines Moll.**

Wird die 7. Stufe (das heisst der 7. Ton) erhöht (♯), entsteht **harmonisches Moll.**

Melodisches Moll ist speziell: Geht die Melodie aufwärts, ist die 6. und 7. Stufe erhöht (♯), geht sie abwärts, werden die Kreuze aufgelöst (♮). Dieser Abstieg klingt dann wie reines Moll.

Viele Leute denken, Moll klinge traurig. Menschen in andern Ländern finden es fröhlich, sie tanzen dazu.

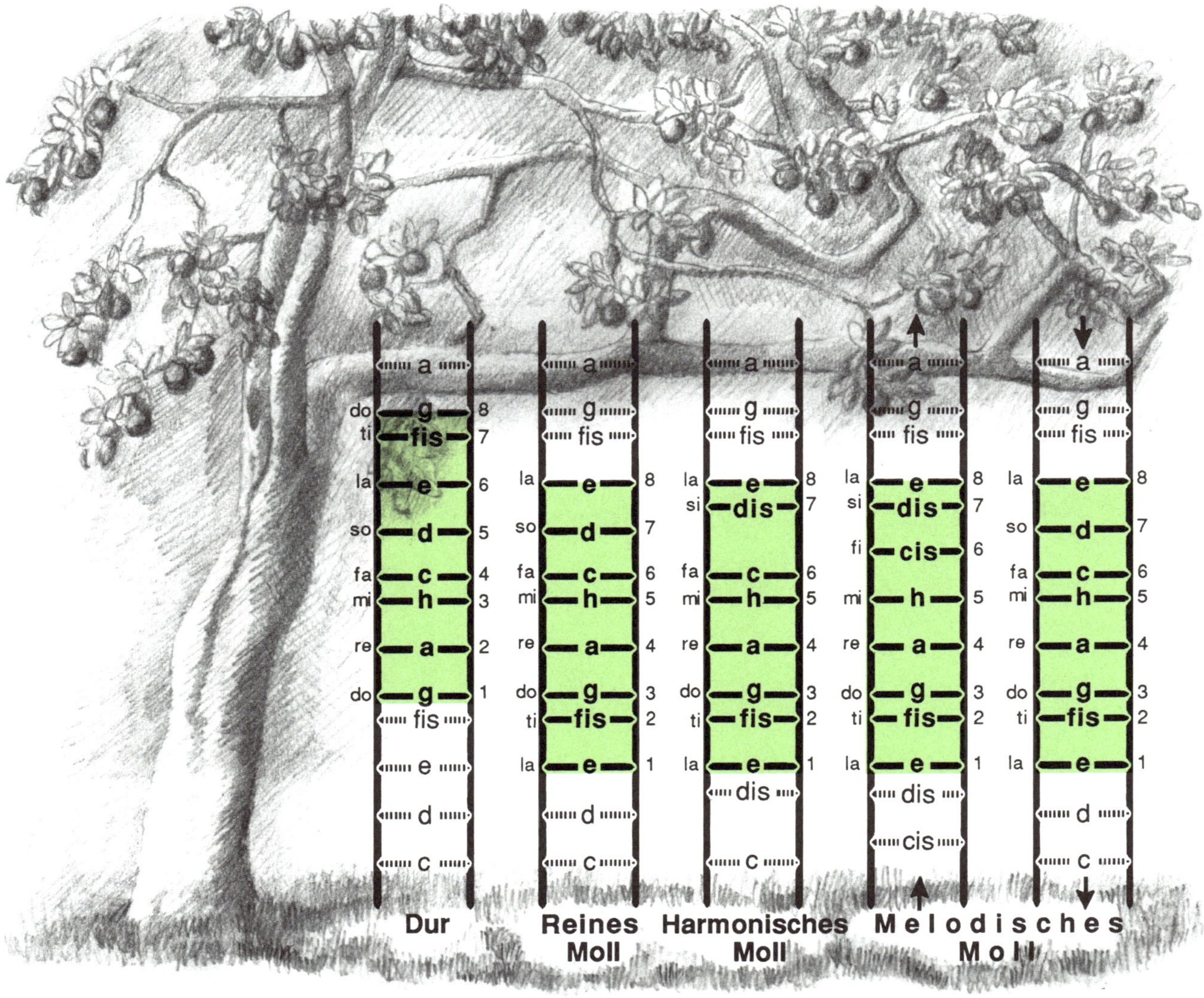

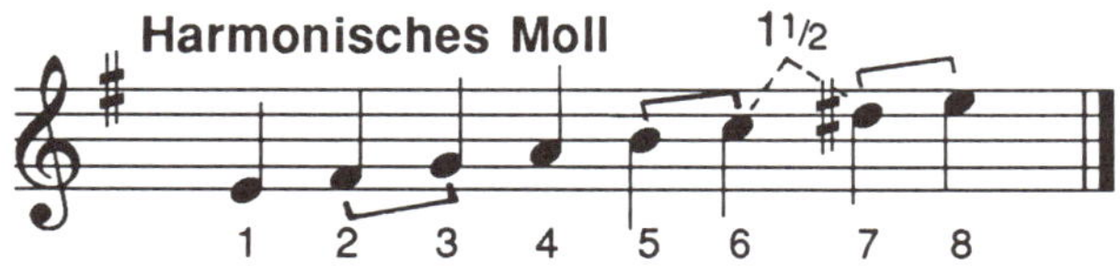

Harmonisches und melodisches Moll können wir wegen der Versetzungszeichen jetzt noch nicht spielen. Später findest Du Stücke in diesen Tonarten.

Dur- und parallele Moll-Tonarten,

die wir bis jetzt spielen können (nur reines Moll).

J. E. Smith, 19. Jahrhundert

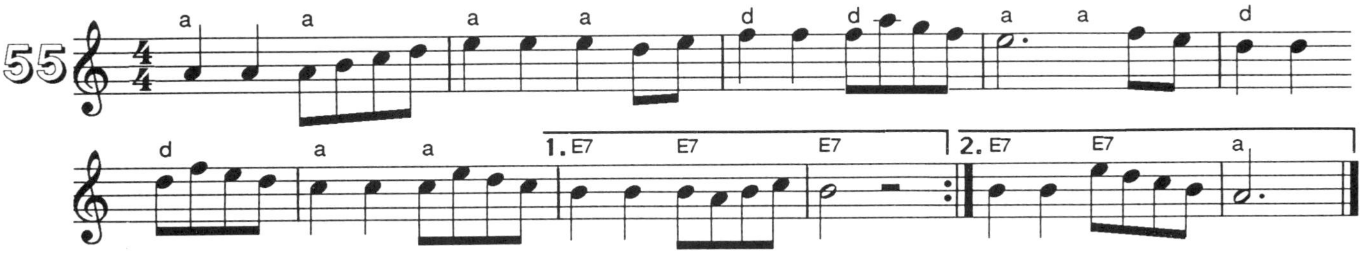

C. Sch.

C. Sch.

Weisst Du noch, wozu Taktstriche gesetzt werden? Vergleiche dazu die Anfänge von Nr. 56 und 57!

Verstehst Du, was das dritte Wort bedeutet? *Abendstern - Morgenstern - Zwergelstern*

aus Italien

aus Spanien

nach einem amerikanischen Wiegenlied

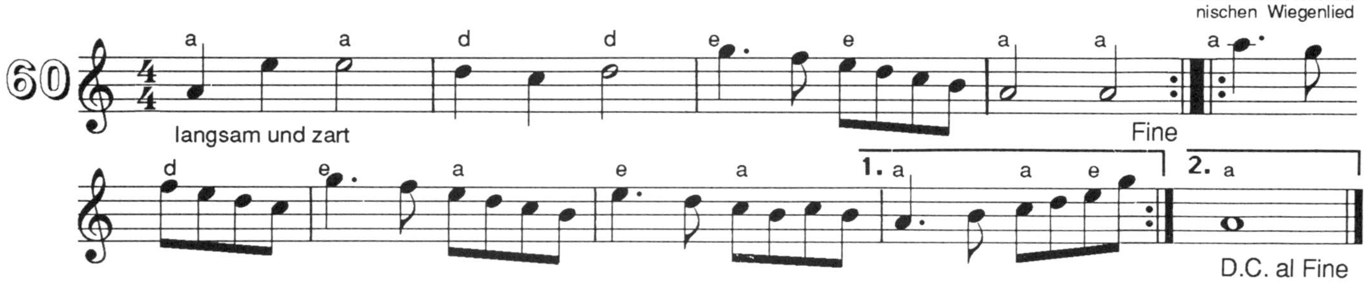

61

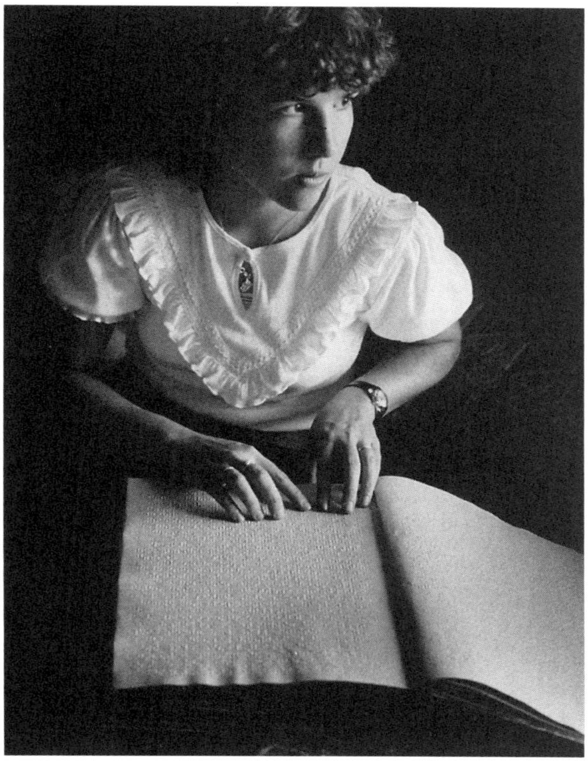

Suche von den Nummern 55 bis 62 zwei Melodien aus, die zu diesen beiden Bildern passen.

Improvisiere (spiele frei) selber zu diesen oder andern Bildern.

Kannst Du diesem Stück selber einen passenden Titel geben? Was kommt Dir in den Sinn, wenn Du es spielst?

____

62

Achte darauf, dass bei den langen Tönen die Tonhöhe nicht absinkt. Blase immer gleich stark.

Franz Schubert
1797-1828

Fanz Schubert wurde 1797 in Wien geboren, wo er auch die meiste Zeit seines Lebens verbrachte. Er war das zwölfte von 14 Kindern. Sein Vater lehrte ihn Geige spielen, und mit 14 Jahren spielte er bereits in einem Orchester. Auch komponierte er schon viel. Da er kein Geld hatte, um Notenpapier zu kaufen, musste er gewöhnliches Papier linieren. Er verbrauchte eine riesige Menge davon.

Schubert spielte auch Klavier, besass aber kein eigenes. Er war so arm, dass er sich nicht einmal eines mieten konnte. Die Verleger bezahlten ihm fast nichts für seine Werke, machten aber selber grosse Gewinne damit. Trotzdem war er stets heiter und fröhlich, aber auch besinnlich. Er liebte die Natur. Stimmungen und Gefühle kommen in seiner Musik stark zum Audruck. Deshalb steht Schubert am Anfang der Epoche der Romantik.

Ein Konzert in Linz musste einmal abgebrochen werden, weil alle Frauen und auch Männer weinten, da ihnen die melancholischen Lieder Schuberts so zu Herzen gingen.

Schubert schrieb mehr als 600 Lieder, aber auch Sinfonien, Quartette, Sonaten, Messen, Werke für Chor und Orchester usw. Er komponierte nur am Morgen, oft sechs Stunden hintereinander. Der Nachmittag war seinen Musiker-, Maler- und Dichterfreunden gewidmet. Auch zu seinen Geschwistern hatte er eine herzliche Beziehung.

Am 26. März 1828, genau ein Jahr nach Beethovens Tod, gab Schubert sein erstes und einziges Konzert. Er hatte Erfolg und wurde gefeiert. Endlich besass er etwas Geld, mit dem er auch seinen ebenfalls armen Freunden half.

Im Oktober begann er zu kränkeln. Das von seinem Bruder Ferdinand komponierte Requiem (Totenmesse) war die letzte Musik, die er hörte. (Es gab damals weder Radio noch Kassetten oder CDs!)

Schubert starb, als er erst 32 Jahre alt war. Er wurde in der Nähe von Beethoven begraben.

Im letzten Brief an seinen Freund Schober bat er diesen, ihm doch noch Bücher von J. Cooper zu schicken, er habe bereits 'Der letzte Mohikaner', 'Der Spion' und andere gelesen. (Kennst Du diese Indianer - Erzählungen aus dem Lederstrumpf auch?)

Verzierung

Der Vorschlag

Der **kurze Vorschlag** wird so geschrieben: 

und so gespielt: 

oder: 

Der **lange Vorschlag** wird so geschrieben:  oder: 

und so gespielt:  oder: 

Verzierung

Franz Schubert (1797-1828)

64

Ludwig Hölty (1748 - 1776)

Fink und Spatz

Spielt dieses Stück wie ein Gespräch, abwechslungsweise.

C. Sch.

65

Rumba

H.-G. Lenders und H. Lemmermann
nach einem Motiv aus Puerto Rico

Zähle zuerst in Achteln, bis Du den Rhythmus 'im Griff' hast!

66

auf der Fidula-CD 4401
"Tanzlieder für Kinder"

2. Er putzt die Schuhe mitsamt den Sohlen,
drum wird er jedem auch gern empfohlen,
schlägt für ein Trinkgeld dir Kapriolen
und singt nur immer das eine Lied: Oh, buenos...

3. Kommst du aus Sidney, vielleicht aus Boston,
bringst du den Staub mit vom Fernen Osten,
es wird dich sicher dasselbe kosten,
und er singt immer das eine Lied: Oh buenos...

O. Pörsel und H.-G. Lenders

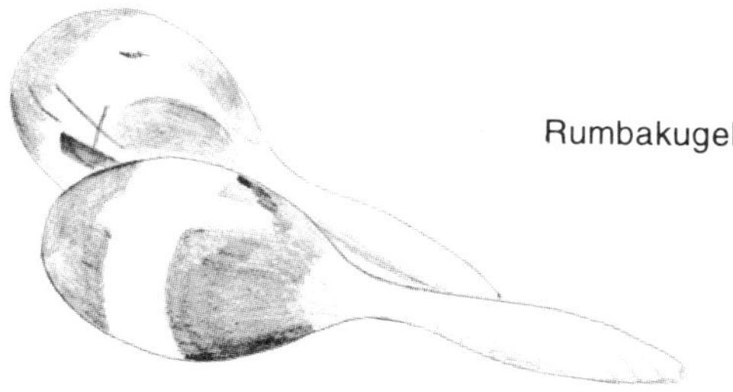

Rumbakugeln

Begleitrhythmen (ohne Auftakt)

Der Rumba (spanisch) ist ein Volkstanz aus Kuba mit verlagerten Betonungsrhythmen. 1930 wurde er zu einem Modetanz in Europa.

Kannst Du San Juan
auf Puerto Rico
finden?

Vielleicht möchtest Du das Lied nebenan mit Deiner Schulklasse singen. In G-Dur ist es zu hoch. C-Dur wäre besser, aber dann könntest Du die 2. Stimme nicht dazu spielen, weil diese zu tief wäre.
Hier ein (eigentlich verbotener) Tip: Kennst Du jemanden, der Dir eine Altflöte ausleihen könnte? Die 2. Stimme wird zu C-Dur, wenn Du sie auf der Altflöte mit den Griffen der Sopranflöte spielst.

Die 1. Stimme in C-Dur (Sopranflöte):

67

68 Schreibe die Noten. Merke: c'= tiefes c / c" = hohes c / f' = tiefes f / f" = hohes f usw.
Setze die nötigen Versetzungszeichen unmittelbar vor die entsprechende Note.

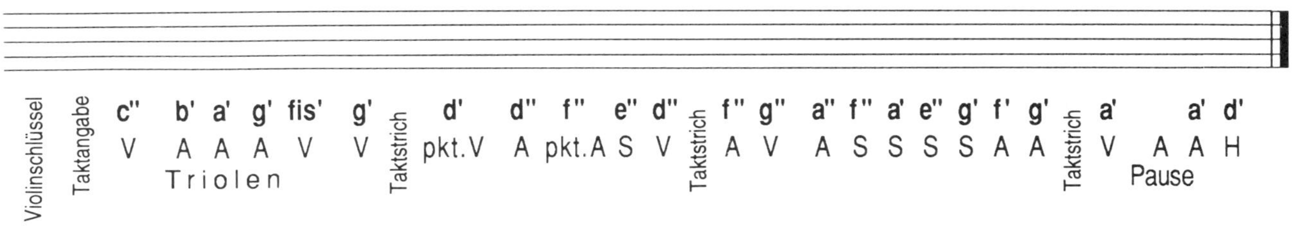

69 Schreibe jede Note (genau darunter) mit einem Grossbuchstaben an! Du erhältst einen Satz.

Gegenpunktierte Gruppen
oder 'Lombardischer Rhythmus'

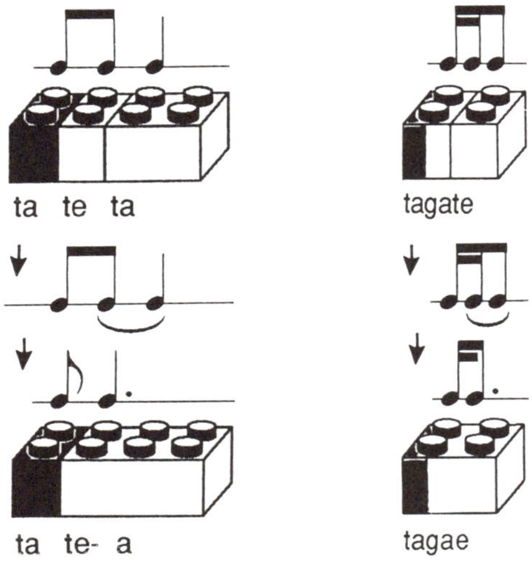

einfacher: Simon
oder: Susanne

Kannst Du erraten, warum man gegenpunktierte Gruppen auch **'Lombardischer Rhythums'** nennt?

Sicher weil er aus der Lombardei kommt. Im 18. Jahrhundert tanzte man dort sehr gerne zu diesem Rhythmus. Wer weiss, wo die Lombardei ist?

Gegenpunktierte Gruppen kommen aber auch in moderneren Liedern vor, wie zum Beispiel in den folgenden Kirchenliedern der Schwarzen in Amerika. Man nennt sie 'Negro Spirituals'.

Negro Spiritual (USA)

70

Satz: C.Sch. (obere Stimme im 2. Notensystem nur schwach besetzen)

Oh nobody knows

Negro Spiritual (USA)

71

Satz: C. Sch.

Negro Spiritual (USA)

72

Satz: C. Sch.

Bitte Deine Lehrerin oder Deinen Lehrer mit Dir herauszufinden, welcher cis"- Griff auf Deiner Flöte am reinsten klingt! Verwende dann immer diesen, ausser bei schnellen Tonfolgen oder Trillern, wenn ein anderer einfacher ist!

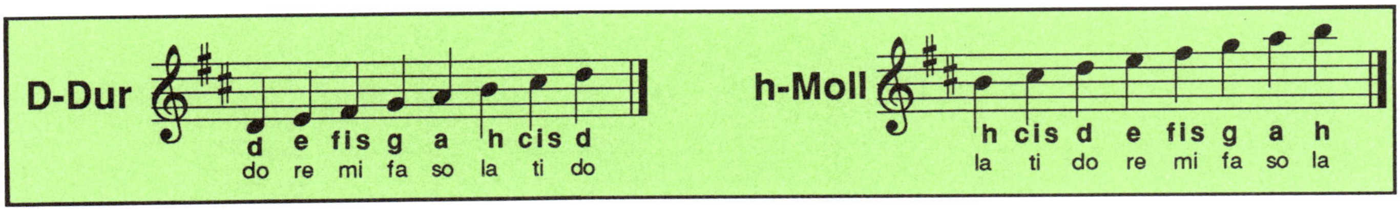

Die harmonische D-Moll-Tonleiter können wir jetzt auch spielen:

Schreibe die Noten an (nur immer die erste vom Balken)!

Erinnerst Du Dich an diese Melodie?

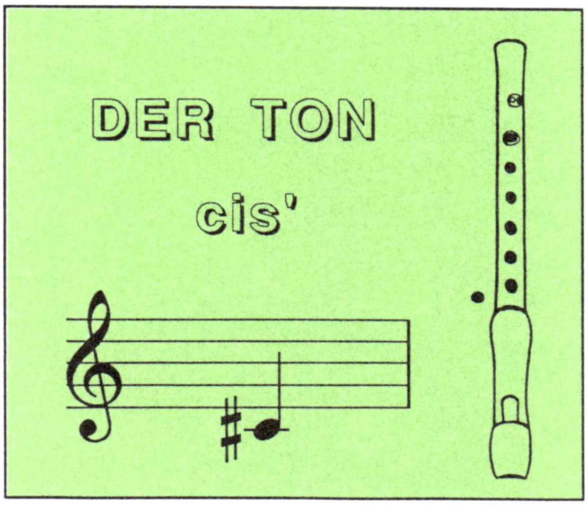

76 Sommerkanon

um 1240

Ostinato im Kanon

Kleiner Dirigentenkurs

Dirigiere einen Takt voraus, dann merken Deine Mitschüler, wann sie beginnen müssen!

Der erste Schlag des Taktes geht immer von oben nach unten, der letzte Schlag (auch der Auftakt) von unten nach oben.

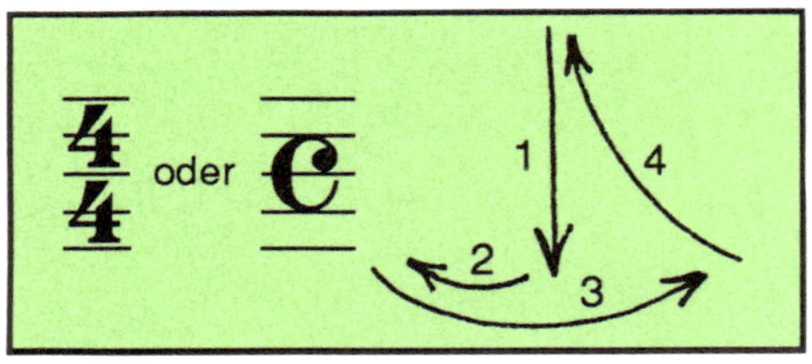

Jan Holdstock

77

78 Swanee River

Stephen C. Foster (1826-1864)

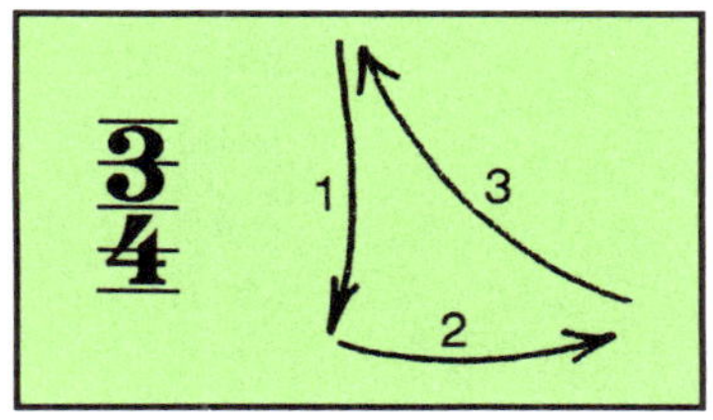

79 Amazing Grace

aus England

Satz: C. Sch.

80 Kumbaya

Afrikanisches
Abendgebet

(obere Stimme nur schwach besetzen)

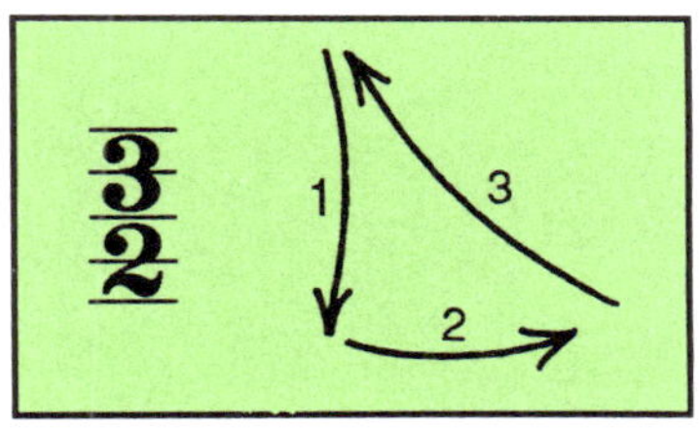

Satz: C. Sch.

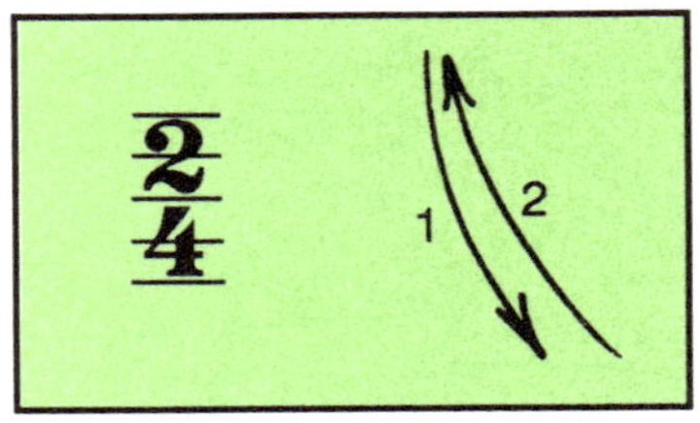

81 In welchen Takten gibt es Synkopen?

Tessiner Volkslied

Satz: C. Sch.

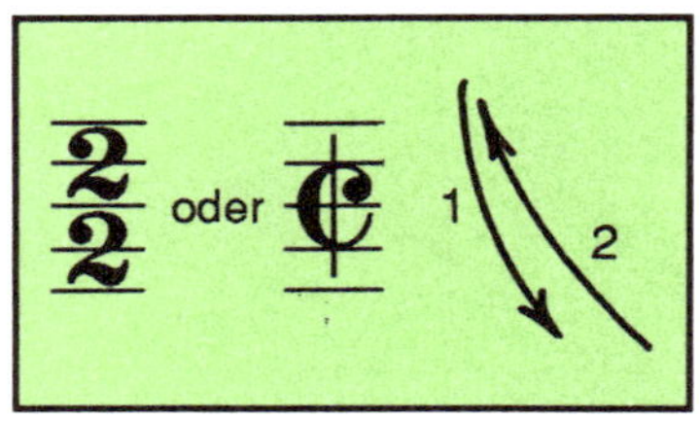

(Alla breve Takt)

82

aus England

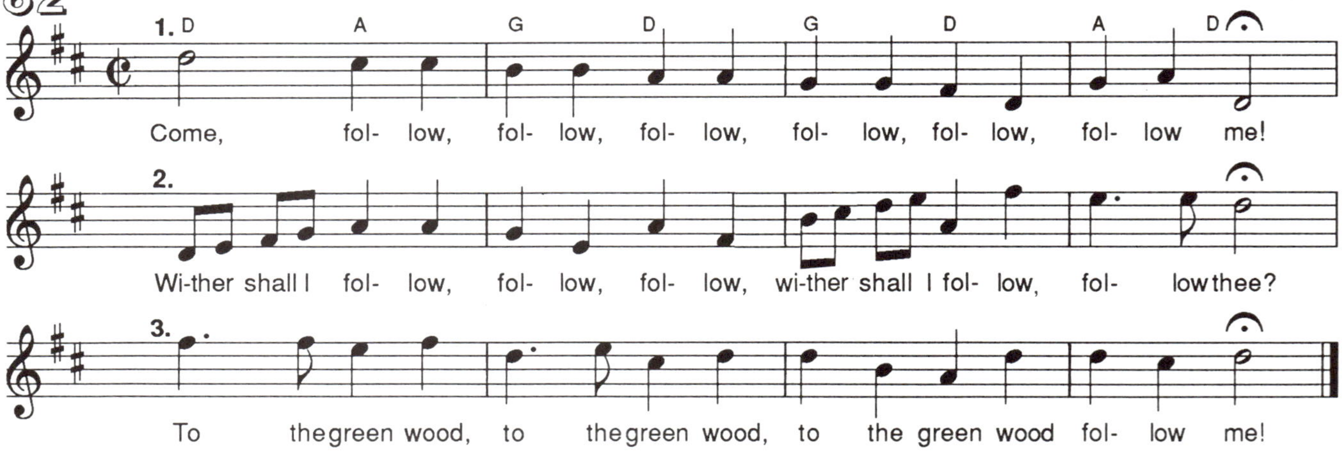

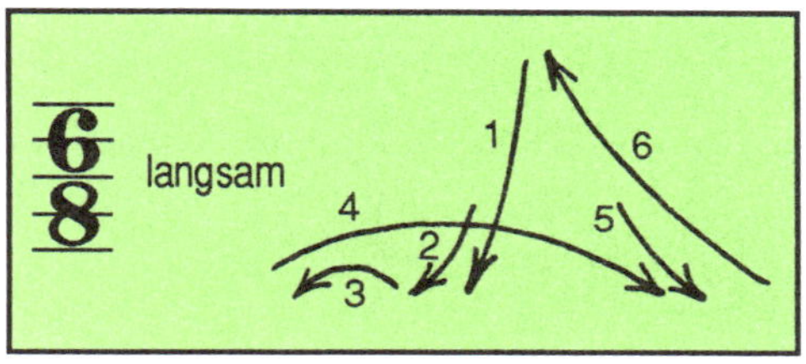

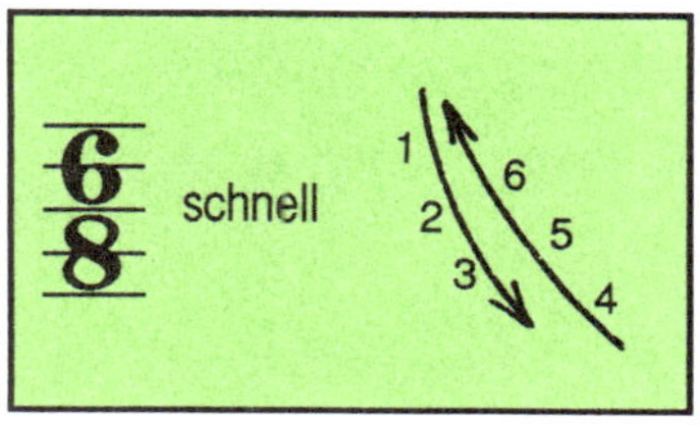

83

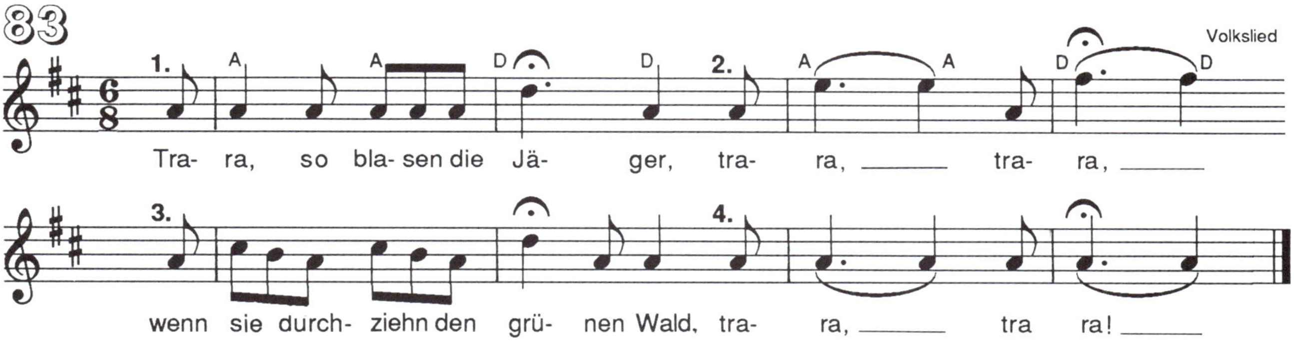

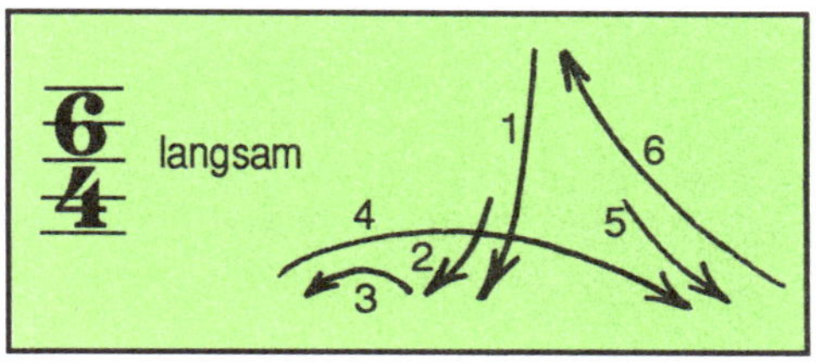

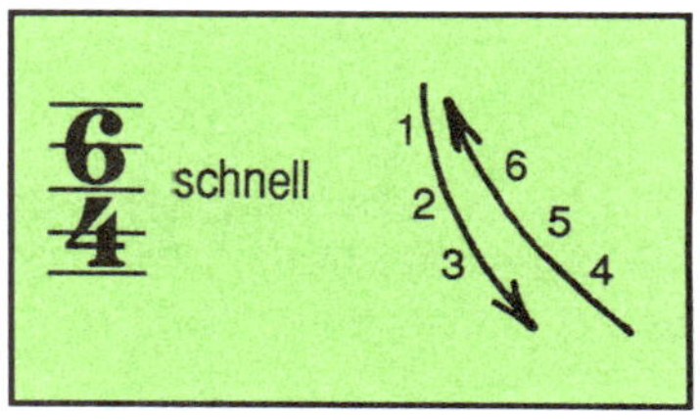

84

Satz: C. Sch.

Wie würdest Du den $\frac{3}{8}$- Takt dirigieren?

Andere Völker lieben andere Rhythmen. So haben zum Beispiel die Griechen und die Menschen in Kroatien, Serbien usw. Tänze im $\frac{7}{8}$- und $\frac{7}{4}$- Takt. Bei uns sind diese Taktarten nicht gebräuchlich.

85 **I Chorévtria** (die Tänzerin)

C. Sch.

Dann gibt es auch den $\frac{5}{4}$- und den $\frac{5}{8}$-Takt.

86

Volkslied, 1719

Es gibt viele verschiedene Zithern: Konzertzithern in mehreren Tonlagen (z. B. Quint-, Alt-, und Basszithern), ferner Akkordzithern, Violinzithern, Schwyzerzithern, Glarnerzithern usw. Volksmusik, klassische Musik, Märsche, Choräle - einfach alle Arten von Musik - werden darauf gespielt. Hier zwei Beispiele von Zithern:

Der Spieler der **Konzertzither** greift mit der linken Hand die Melodiesaiten, die er mit dem Zitherring am rechten Daumen anschlägt. Mit den restlichen Fingern der rechten Hand spielt er auf den frei schwebenden Saiten die Begleitung.

Bei der **Violinzither** zupft die linke Hand auf den Akkordsaiten die Begleitung. Die rechte streicht dazu die Melodie. Sie 'hüpft' mit dem Bogen von einer Melodiesaite zur andern, da es für jeden Ton eine eigene Saite gibt.

Ritornello Spiele zuerst die Tonleiter der Tonart, in der das Ritornello steht! Valentin Rathgeber, 1737

Kanon Spiele zuerst die Tonleiter der Tonart, in der dieser Kanon steht! Henry Purcell (1658-1695)

Artikulationsvorschläge für die 2. und 3. Linie:

89 Freunde

C. Sch.

(Es geht gleich weiter auf der nächsten Seite!)

Trio

G G D7 D7 D7 D7 G G
G G D7 D7 D7 D7 G 1.G
2.G D7 G G G D7
D7 G G D7 G G
G D7 D7 G 1.G 2.G

Verzierung

Der Praller
oder Pralltriller

Der Praller geht vom Hauptton zum oberen Nebenton und wieder zurück.

Ist die Melodie absteigend, beginnt er mit dem oberen Nebenton.

Verzierung

Spiele zuerst immer ohne Verzierungen, bis Du das Stück gut kannst!

90 Übe taktweise, zuerst langsam, dann schneller!

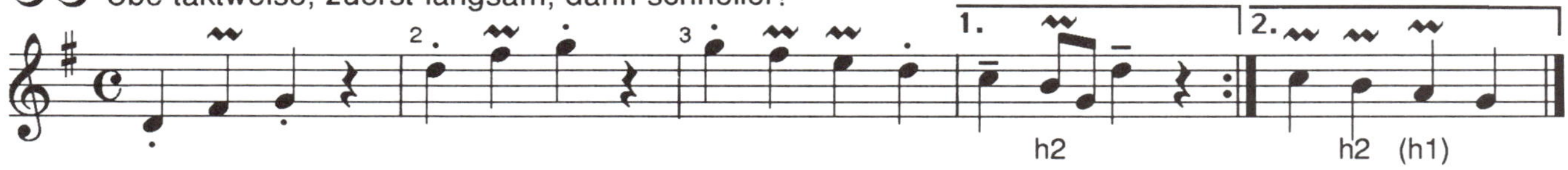

91 **Gavotte** (alter französischer Tanz)

Georg Friedrich Händel (1685-1759)

Georg Friedrich Händel
1685-1759

Georg Friedrich Händel wurde im gleichen Jahr wie Johann Sebastian Bach geboren. Sie haben sich aber nie kennengelernt. Händel war ein Freund Telemanns und wie dieser sehr an der Oper interessiert. Wie Telemann begann er Jura zu studieren, bekam dann aber doch die Einwilligung von seinem Vater, in die weite Welt zu ziehen und Musiker zu werden. Zuerst ging er nach Italien, wo er als Opernkomponist erfolgreich war. Dann verbrachte er einige Zeit in Hannover und reiste schliesslich nach London, wo er Hofkapellmeister von König Georg I. wurde.

In England wurde Händel mit offenen Armen empfangen, denn der grösste englische Musiker seiner Zeit, Henry Purcell (siehe Nr. 88), war soeben gestorben und man brauchte einen Nachfolger. Innerhalb zweier Wochen schrieb Händel Text und Musik der Oper 'Rinaldo', und der Erfolg war riesig! Er übernahm die musikalische Direktion des Londoner Theaters, was ihm viel Ärger brachte und schliesslich seine ganze Kraft kostete.

Aus der Partitur des Messias:
Der Schluss des berühmten Chores 'Halleluja'

Es gibt in diesen Takten eine Generalpause. Wer findet sie?

Nicht alle Engländer waren Händel wohlgesinnt. Immer wieder wurden andere Komponisten gegen ihn ausgespielt. Oft rissen seine Gegner die Plakate seiner Konzerte von den Mauern, so dass nur wenige Zuhörer erschienen. Das Theater stand vor dem Bankrott, und man wollte ihn ins Gefängnis werfen.

1741 war es Händel endgültig verleidet in London. Er folgte einer Einladung nach Dublin in Irland. Für diese Stadt schrieb er nach dem Text eines Freundes das Oratorium 'Der Messias'. Ein Oratorium ist ein grosses Werk für Chor, Solisten und Orchester. 'Der Messias' erzählt das Leben von Jesus. Händel schrieb dieses riesige Werk, dessen Partitur 226 Seiten füllt, in nur drei Wochen! Solange er lebte, ging der Erlös von jeder Aufführung des 'Messias' an Arme und Kranke.

Im Gegensatz zu andern Komponisten seiner Zeit war Händel schon zu Lebzeiten berühmt. Beethoven sagte von ihm, er sei der grösste Komponist, der je gelebt habe.

92 **Menuett** aus der Wassermusik

Georg Friedrich Händel (1685-1759)

Verzierung

Der Mordent

Der Mordent geht vom Hauptton zum unteren Nebenton und wieder zurück.

Verzierung

Manchmal ist es schwierig, Mordent und Praller sauber zu spielen. **Hilfsgriffe** können helfen. Es kann für den gleichen Ton verschiedene geben.
Kannst Du selber Hilfsgriffe herausfinden?

Hier ein paar Vorschläge:

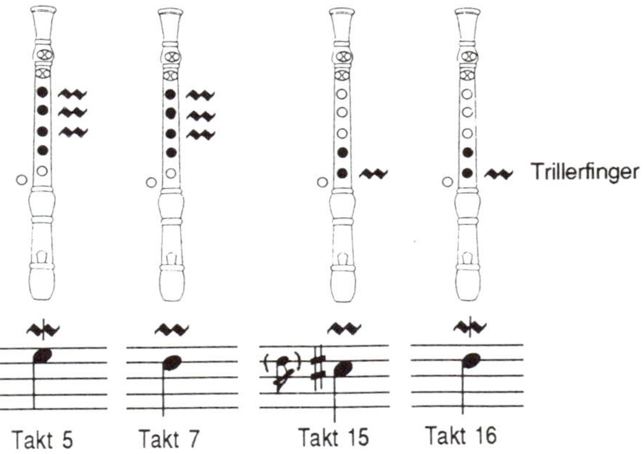

Wer den 2. oder 3. Griff für cis" spielt, kann für oben beginnende d"/cis"-Verzierungen den 1. Griff verwenden.

93 Menuett

Johann Sebastian Bach (1685-1750)

Die Verzierungen sind nicht von Bach. Jeder Musiker kann verzieren oder auch nicht, wie es ihm gefällt.
Spiele die Verzierungen nur bei der Wiederholung!
Artikuliere differenziert (unterschiedlich)! - Kommt Dir das Menuett nicht bekannt vor?

94 **Finale** aus einer Suite in fünf Sätzen

nach Georg Friedrich Händel (1685-1759)

Aus: Peter Heilbut, Musizierbuch,
Hug & Co. Musikverlage, Zürich
Postfach, CH-8022 Zürich
Klavierbegleitung dazu in Heft 2, 10809b

Hier ein paar Hilfsgriffe,
falls Du sie brauchst:

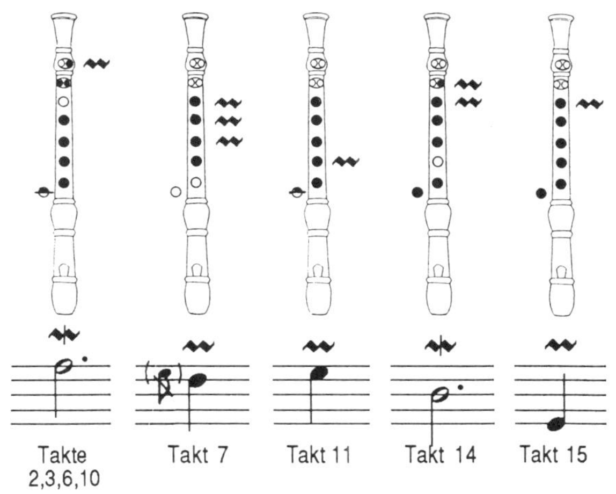

DER TON gis'

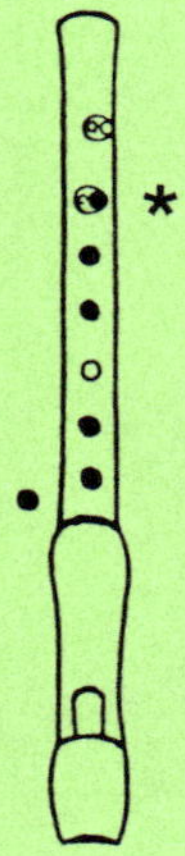

* Bei schnellen Tonfolgen darfst Du dieses Loch ganz decken.

Jetzt können wir Lieder in A-Dur spielen.

Achtung: **fis, cis** und **gis!**
Sicher hast Du den schwierigen Takt dieses Kanons schnell gefunden. Übe ihn einzeln!

Volkslied

95

96

Volksweise

Satz: Josef Feurer

Theodor Fontane (1819-1898)

DER TON gis''

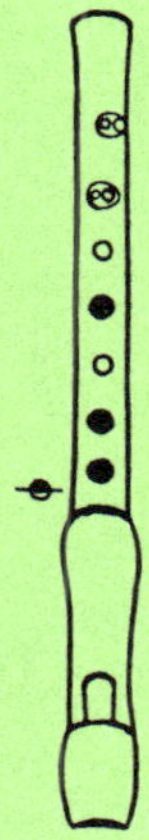

A-Dur

fis-Moll

Die harmonische a-Moll-Tonleiter

97

98 Singe die A-Dur-Tonleiter mit den Namen der Töne!
Spiele die A-Dur-Tonleiter auswendig!

Halling (nordischer Volkstanz)

aus Schweden

99

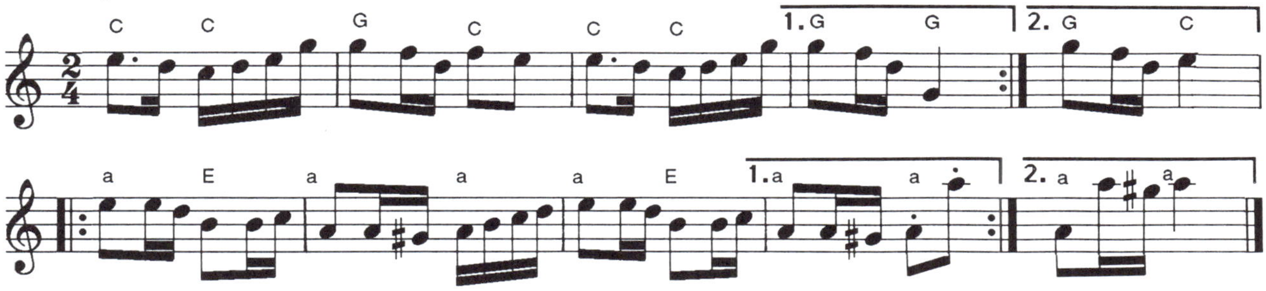

Das Wettrennen

C. Sch.

100

Love, oh Love

aus Amerika

101

The Miller of the Dee (Der Müller am Fluss Dee)

aus England, 17. Jahrhundert

102

Über Wiesen und Auen

aus Russland

103

Am Fluss

aus Russland

104

Katjuscha

aus Russland

105

Mit Lieb bin ich umfangen

aus Hainhofers Lautenbüchern, 1603

106

Satz nach Joh. Steuerlein (1547-1613)

* Wie heisst dieser Ton? Wo ist er auf dem Klavier? Siehe Seite 27! Finde den Griff selber heraus!

Viele Instrumente werden in verschiedenen Grössen und Ausführungen hergestellt. Hier siehst Du drei verschiedene Harfen. Es gibt aber noch mehr.

Obwohl diese kleine Harfe 'Knieharfe' genannt wird, kann man sie auch auf dem Boden spielen. Ich habe schon einen Strassenmusikanten gesehen, der so eine Harfe umgebunden hatte, und seine Lieder damit begleitete.

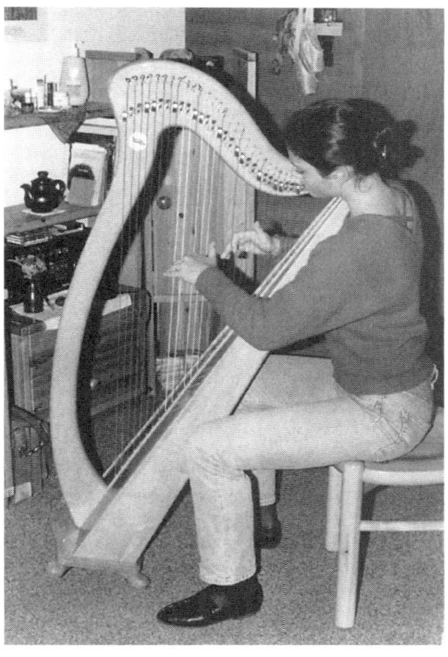

Keltische Harfen haben Haken oder Klappen. Drückt man diese von oben nach unten, wird die dazugehörige Saite einen halben Ton tiefer oder umgekehrt. Mit diesen Harfen spielt man eher einfache Stücke.

Die grösste Harfe ist die Doppelpedalharfe. Sind die Pedale in der mittleren Stellung, kann man jede Saite mit dem Fuss um einen halben Ton erhöhen oder erniedrigen. Treten Versetzungszeichen auf, muss die Harfenistin (oder der Harfenist) die Pedale mitten im Stück betätigen.

Tonarten, die als Vorzeichen ♯ haben, nennt man

Kreuz-Tonarten

Merkvers für Dur-Tonarten mit ♯:

Geh 1♯ **D**u 2♯ **A**lter 3♯ **E**sel, 4♯ **H**ole 5♯ **Fis**che! 6♯

Text und Musik um 1800

107

aus Westfalen

108

109

Michael Praetorius (1571-1621)

110 Transponiere Nr.109 in eine andere Tonart, die einfacher zu spielen ist! Wähle diese so, dass Du alle Töne auf Deiner Flöte spielen kannst, also nicht zu hoch und nicht zu tief!

Rollbrett - Rag

C. Sch.

riterdando ***(rit.)***	langsamer werdend
accelerando ***(acc.)***	schneller werdend
a tempo ***(a tempo)***	im früheren Zeitmass

* Ein unbekannter Ton! Keine Panik!
Du kannst den Griff selber herausfinden:

Wie heisst der Ton? __________
Spiele: c' - cis' - d' - dis' !
Zeichne den Giff bei der Flöte ein!

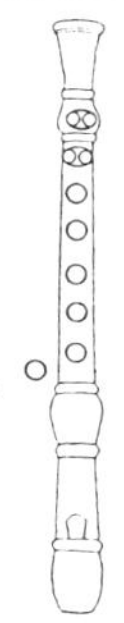

dis'

Mountainbike - Boogie

Achte darauf, dass Du beim Daumenloch nur einen ganz kleinen Spalt offen lässt, sonst klingt b" zu hoch.

113

114

115

116

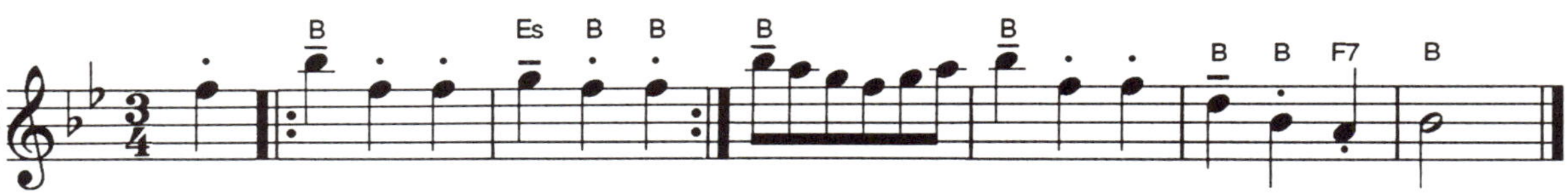

117 Rondo Übe die schwierigen Takte einzeln, zuerst langsam, dann schneller! Henry Purcell (1659? - 1695)

Wieder einmal C-Dur - und ohne Versetzungszeichen! Eine richtige Erholung!

Volksweise

118

Ludwig Uhland (1787-1862)

Im Gegensatz zur Trompete wird das Rohr des Flügelhorns gegen den Trichter hin merklich dicker. Deshalb hat es einen weichen und dunkeln Klang.

Im Jazz wird das Flügelhorn oft in langsamen Balladen eingesetzt.

Kannst Du das Lied auch in F-Dur spielen?

Volksweise

119

Ludwig Uhland (1787-1862)

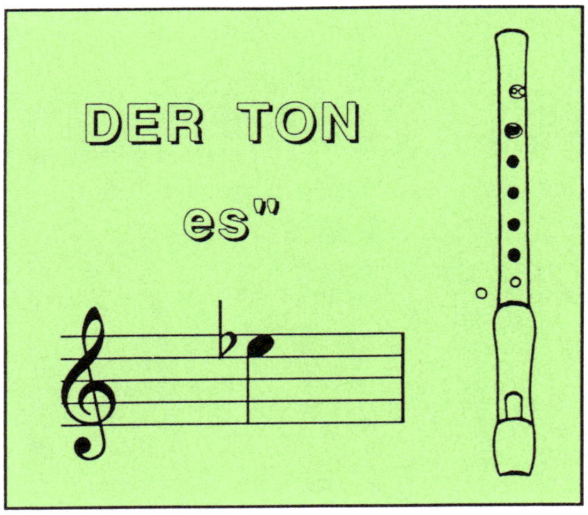

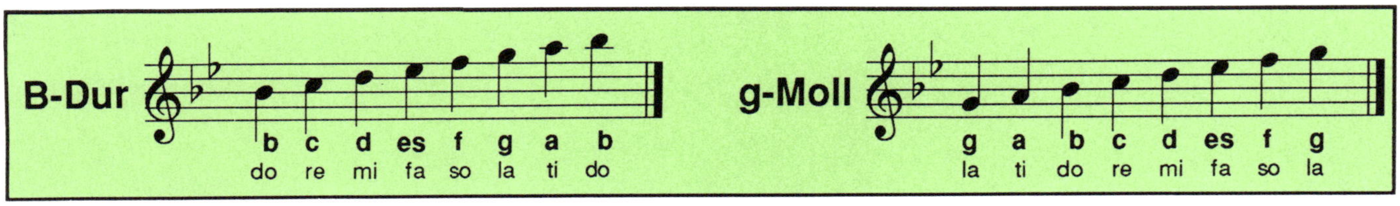

Die harmonische g-Moll Tonleiter

120

überliefert

121
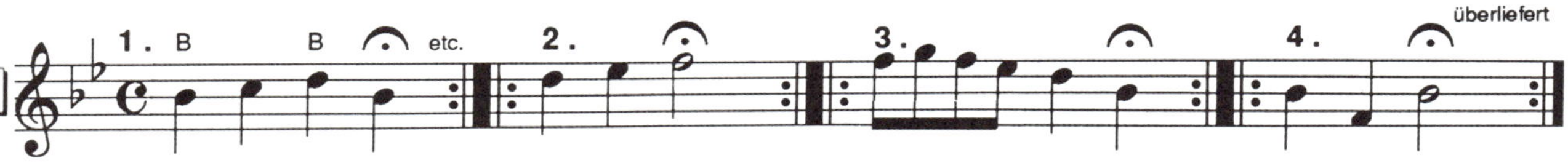

Volkslied aus Polen

122

Volkslied

123

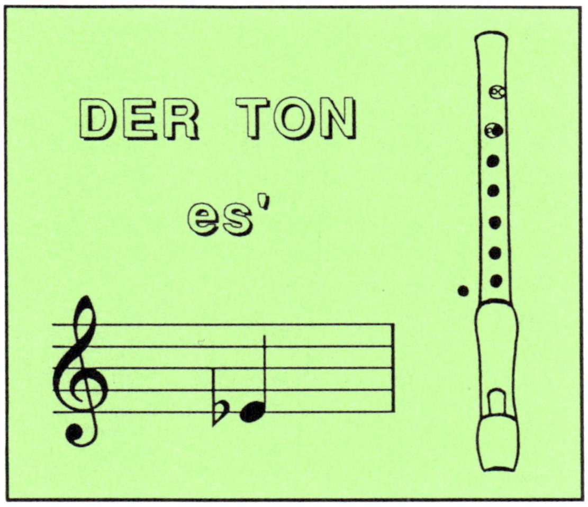

Lied aus Ungarn

Béla Bartók (1881-1945)

124

Schwäbisches Volkslied (19. Jahrhundert)

125

Satz: C. Sch.

Gottfried Weigle (1835)

aus England

126

mündlich überliefert

Volkslied aus der Schweiz

127

Drei Wiegenlieder aus verschiedenen Ländern

aus Russland

128

Satz: C.Sch.

aus Wales

129

Satz und Übersetzung: C. Sch.

Da Capo al Fine

aus England, 17. Jahrhundert

130
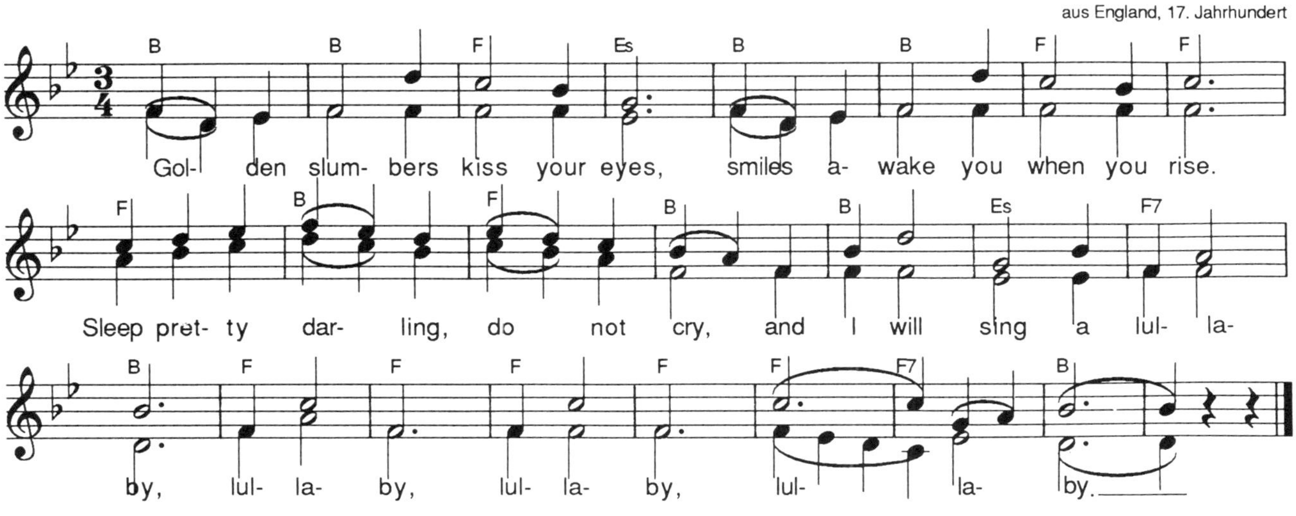

Satz: C.Sch.

131 Fang mich

Anonymus aus England, 17. Jahrhundert

132

Franz Schubert (1797-1821)
aus: 'Die schöne Müllerin', 1823

Wilhelm Müller, 1821

Das Fagott ist ein Holzblasinstrument und gehört in die Familie der Oboen, weil man wie bei der Oboe die Luft durch ein Doppelrohrblatt presst. Da es ein Bassinstrument ist, hat es ein langes Rohr (2.50 m). Ist das Fagott auf dem Bild auch so lang? Vergleiche es mit der Grösse des Musikers!

Damit der Spieler alle Klappen und Hebel erreichen kann, ist die Röhre des Fagotts geknickt. Die zwei nebeneinanderliegenden Teile sind verschieden lang und unten durch ein U - förmiges Stück verbunden. Der Fagottist bläst die Luft durch ein Metallröhrchen in den kürzeren Teil hinein.

Das Kontrafagott, das noch eine Oktave tiefer spielen kann, hat ein drei- bis viermal geknicktes Rohr.

aus Frankreich

133

Die untere Stimme ist die Melodie

134 Über das Heulen von Eulen

Was haben die Lieder auf dieser Seite gemeinsam?

*'Heule' mit Deiner Flöte bei diesen Fermaten:
Daumen mehrmals über das Loch schieben (d"- c"- d") etc. (siehe Glissando Seite 103),
dabei lauter und leiser werden (mehr und weniger Blasdruck).

Renate Rothe

Renate Rothe

Wolfgang Amadeus Mozart 1756-1791

Wolfgang Amadeus Mozart kam 1756 in Salzburg zur Welt. Wenn sein Vater, Leopold Mozart, seiner neunjährigen Tochter Nannerl Musikunterricht gab, sass der vierjährige Wolfgang unter dem Klavier und hörte aufmerksam zu. Bald spielte und komponierte er selber. Leopold erkannte, dass sein Sohn ein Wunderkind war. Der ehrgeizige Vater entwarf einen strengen Arbeitsplan, und unablässig wurde geübt. Als Wolfang sechs Jahre alt war, beschloss der Vater, der Welt die Talente seiner Kinder vorzuführen. So unternahm er mit seiner Familie immer wieder monatelange, mühsame Reisen mit einer Kutsche. Die Kinder musizierten in Wien, München, Paris, Köln, Brüssel, London und anderen Städten vor Kaisern, Königen und Fürsten.

Als Dreizehnjähriger war Mozart mit seinem Vater in Rom. Hier hörten sie ein Konzert für neunstimmigen Chor. Nach dem Konzert schrieb Wolfgang das ganze Werk aus dem Gedächtnis auf. Kurz vor seinem 15. Geburtstag dirigierte er in Mailand eine Oper, die er selber komponiert hatte.

Während seiner ganzen Kindheit und Jugendzeit wurde Wolfgang von seinem strengen Vater beherrscht. Mit gut 20 Jahren trennte er sich von ihm und reiste allein. Er wurde beauftragt, Konzerte, Opern, Quartette, Messen usw. zu schreiben. Wohl wurde er damit in Europa berühmt, aber Geld brachte es nicht viel ein, da es damals noch keine geschützten Urheberrechte gab. Schliesslich zog er zum Ärger seines Vaters nach Wien, wo er heiratete. Seinen Lebensunterhalt verdiente er mit Musikunterricht, daneben komponierte er und gab Konzerte. Er war befreundet mit seinem früherer Lehrer Josef Haydn. In der Freizeit spielte Mozart gerne Billard.

Mozart hoffte, an irgend einem Hof eine Stelle als Musiker zu erhalten. Deshalb ging er immer wieder auf lange Reisen, was seine Gesundheit schwächte. Mit 35 Jahren starb er und wurde in Wien begraben.

Mozart war ein Genie. Er komponierte über 600 Werke. L. R. von Köchel führte alle in einem Katalog auf, der als sogenanntes 'Köchelverzeichnis' 1862 in Leipzig erschien. Den wahren Wert der Kompositionen von Wolfgang Amadeus Mozart hat man erst nach seinem Tod erkannt.

Der vierjährige Wolfgang am Flügel mit seiner Schwester Nannerl und seinem Vater

Der Doppelschlag

Beim Doppelschlag werden die obere und die untere Nebennote mitgespielt.
Man kann ihn verschieden ausführen, hier drei oft vorkommende Formen:

Von oben nach unten:

Von unten nach oben:

Wie und zusammen:

Verzierung

135

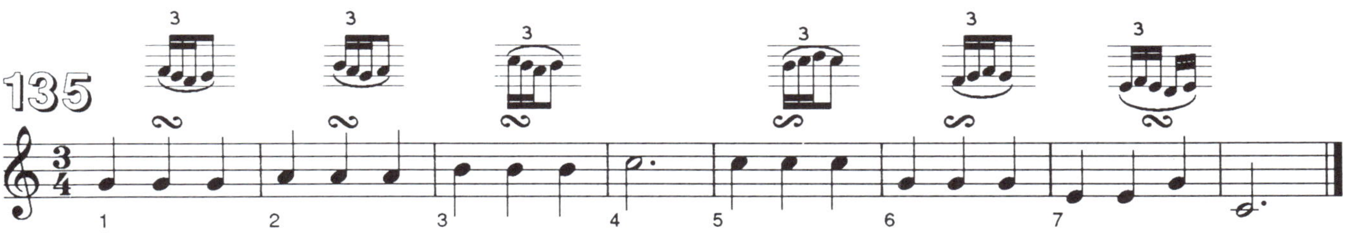

Übe jeden Takt einzeln, zuerst ohne, dann mit Verzierung!

Menuett

Wolfgang Amadeus Mozart (1756-1791)

Schreibe die Verzierungen mit einem gespitzten Bleistift aus!

136

Serenade

Eine kleine Nachtmusik

Mozart hat seine 'Kleine Nachtmusik' für zwei Geigen, eine Bratsche, ein Cello und einen Kontrabass komponiert. Wenn eine Sopranflöte, ein Klavier oder ein grosses Orchester diese Musik spielt, so sind die Noten von einem Musiker bearbeitet worden, das heisst, er hat sie für die betreffenden Instrumente umgeschrieben.
Wir können nicht die ganze Nachtmusik spielen, sie ist zu schwierig und der Tonumfang zu gross. Eine einzige Instrumentalstimme würde über 10 Seiten füllen. Hier haben wir von jedem Satz eine Kostprobe:

Wolfgang Amadeus Mozart 1787
Köchelverzeichnis Nr. 525

Allegro

137

Romanze (Originaltonart: C-Dur)

138

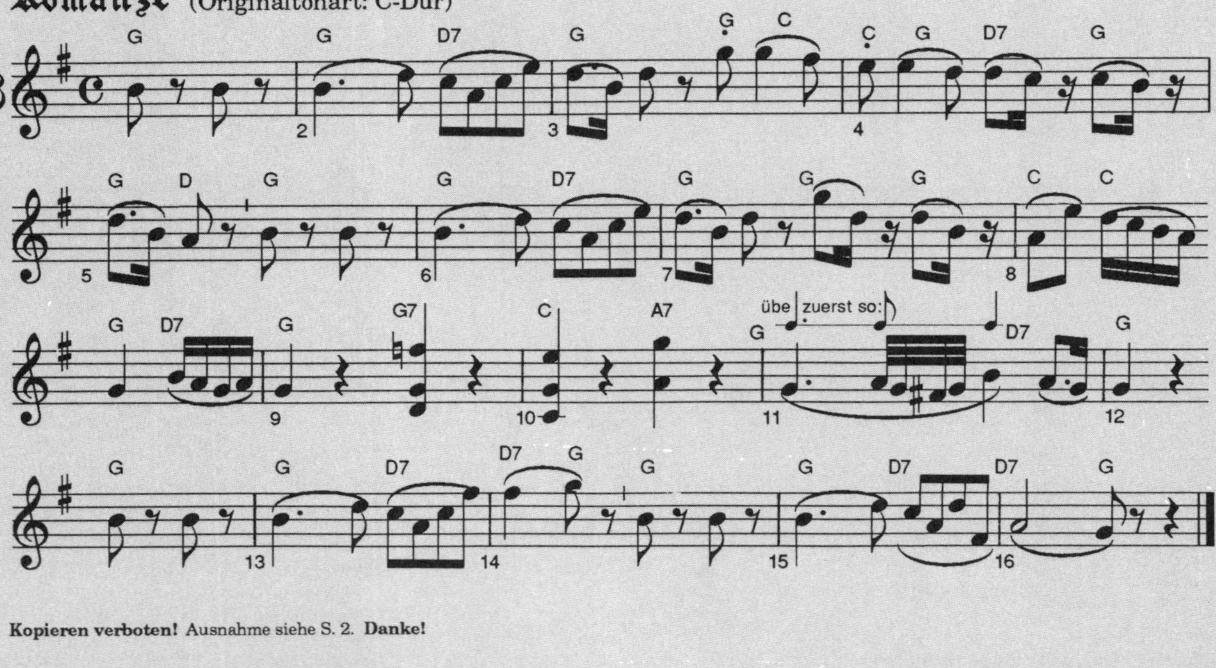

Menuetto (Originaltonart: G-Dur)

139

Rondo

140

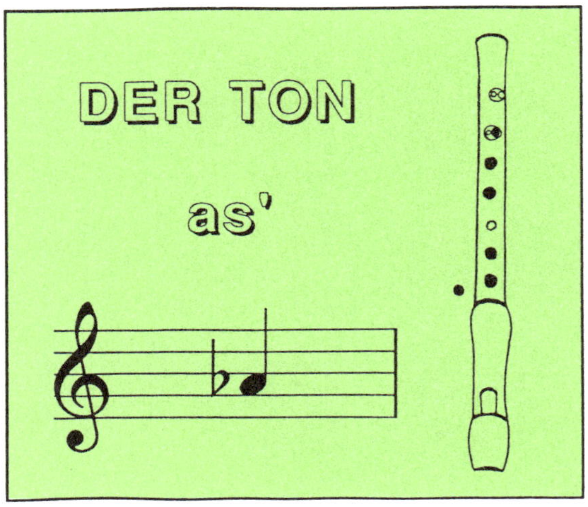

Kommt Dir dieser Griff nicht bekannt vor? Mehr darüber auf Seite 72.

Volkslied

141

aus England

142

unbekannt

143

DER TON as''

Liederrätsel

Spiele die Rätsel, die Du nicht selber herausfindest, Deinen Eltern vor! Sicher können sie Dir helfen.

144

145

146
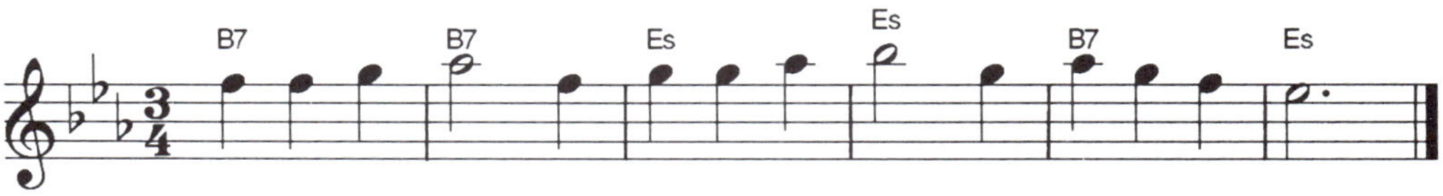

147
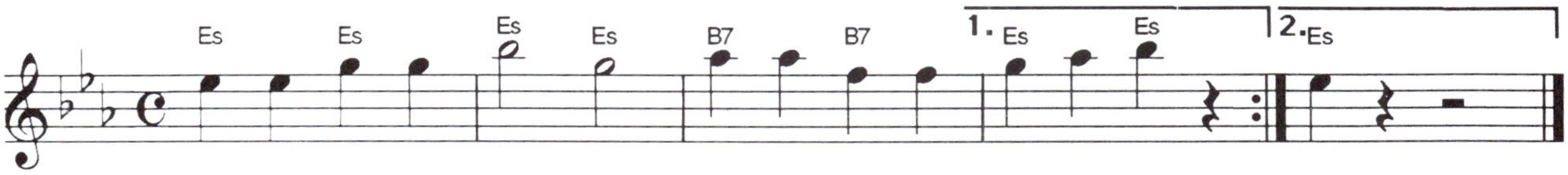

148
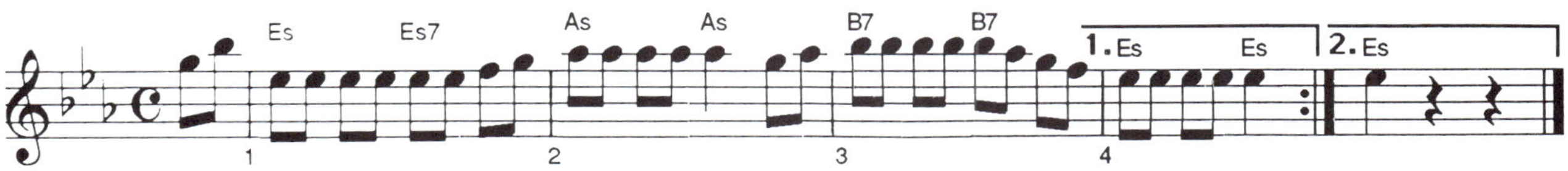

149

150
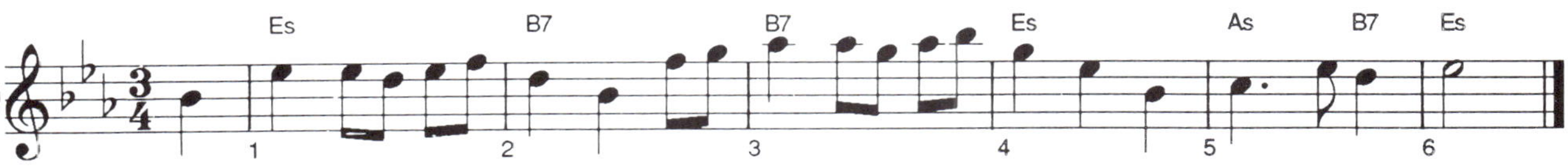

151 Englisches Jagdlied

aus England

Satz: C. Sch.

152 Kennst du die Kunst voll Harmonie?

Ule Troxler (geb. 1925)

2. Musik ist, wenn ein Mädchen singt,
Musik, wenn eine Flöte klingt,
wenn ein Cellist den Bogen führt,
wenn eine Geige jubiliert.

3. Cinellen, Pauken, Xylophon,
die Tuba mit dem tiefen Ton,
Klavier und Orgel, auch ein Chor,
sind Leckerbissen für das Ohr.

4. Ein Gitarrist, der fröhlich pfeift
und kräftig in die Saiten greift,
Cassetten, CD, Radio -
Musik, Musik macht alle froh.

aus: ' 's Liederköfferli', D-Dur
Lehrmittelverlag des Kts. Basel Stadt

Tonarten, die als Vorzeichen ♭ haben, nennt man

B-Tonarten

Merksatz für die Dur-Tonarten mit ♭:

Frieda, 1♭ **B**erta, 2♭ **Es**ther, 3♭ **As**sen 4♭ **Des**sert 5♭ **Ges**tern. 6♭

153 Moderato

Padre Martini (1706-1784) und C. Sch.

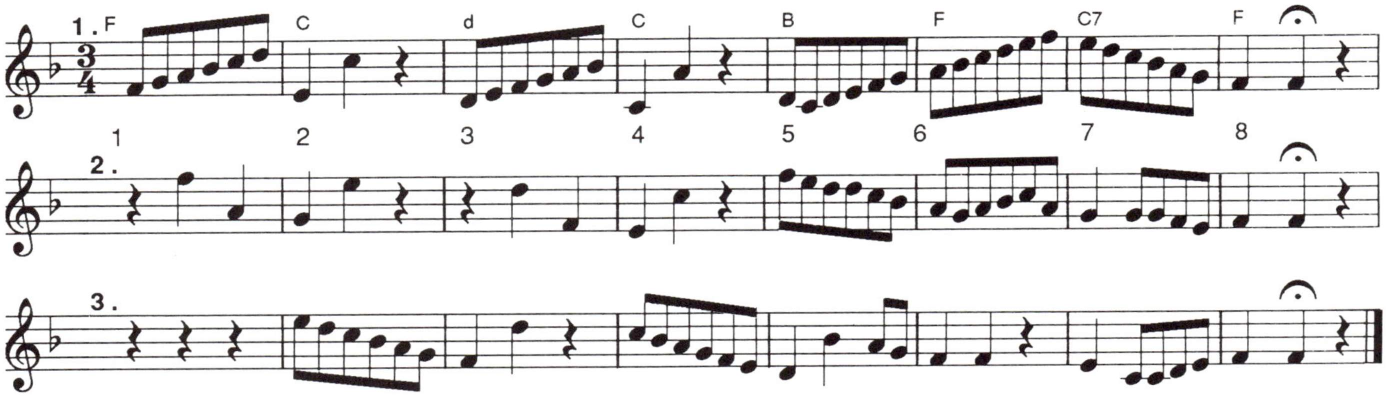

154 Lachkanon

Luigi Cherubini (1760-1843)

155

aus Frankreich

Satz: C.Sch.

Sicher hast Du auch schon probiert, mit einem feuchten Finger über den Rand eines Glases zu streichen und dieses so zum Klingen zu bringen.

Das wohl weltweit einzige Glasharfentrio aus Zürich hat sein Instrument selber konstruiert. Es besteht aus 40 Trinkgläsern verschiedener Grösse, die aus tausenden ausgewählt wurden. Je nach Tonhöhe werden die Gläser mit mehr oder weniger Wasser gefüllt. Die Harfe muss immer wieder gestimmt werden, weil das Wasser verdunstet. Man kann klassische Stücke, aber auch moderne Musik auf der Glasharfe spielen. Für kurze Töne werden die Glasränder nur angetippt.

Die enharmonische Verwechslung

Enharmonische Töne werden gleich gespielt, klingen gleich, aber werden verschieden geschrieben. *

Erkläre anhand der Leitern und des Klaviers, warum gis' und as' den gleichen Griff haben!

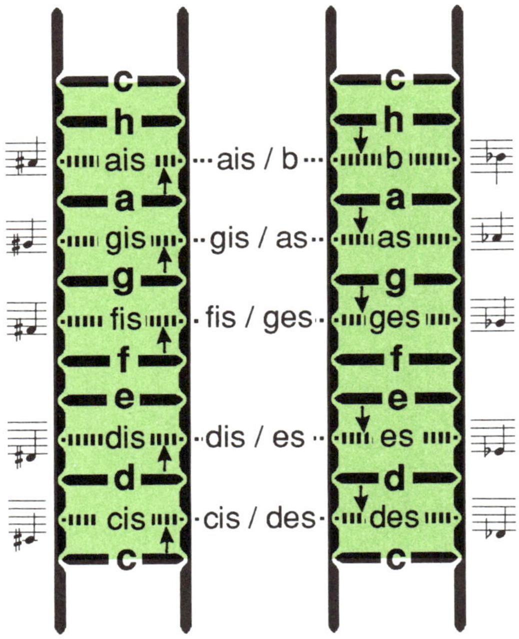

Chromatische Tonleiter mit ♯

Chromatische Tonleiter mit ♭

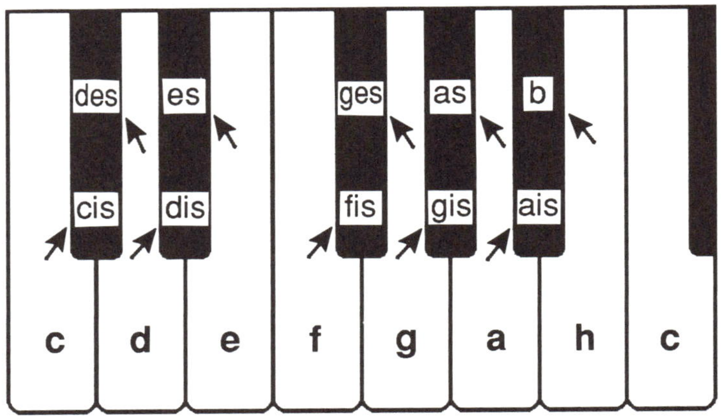

* Ganz streng genommen stimmt dies nicht. In Wirklichkeit ist cis ein bisschen tiefer als des usw. Ein Physiker könnte Dir das anhand komplizierter Berechnungen der Tonschwingungen genau erklären.

Für uns und für den Klavierspieler gilt, dass die Oktave in 12 gleichgrosse Halbtonschritte eingeteilt ist, was man temperierte Stimmung nennt. Ganz gute Flötisten jedoch spielen verschiedene Griffe für cis und des.

Die chromatische Tonleiter (Tonleiter in Halbtonschritten)

Schreibe die Töne an; auf den untern Linien die enharmonische Verwechslung!

157

Du darfst die eingeklammerten Töne durch Pausen ersetzen. Falls Du versuchen möchtest, sie zu spielen, sind die Griffe so:

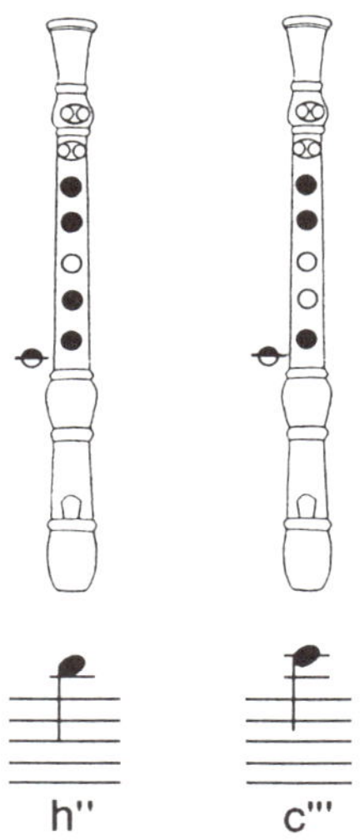

Drachen im Wind

C. Sch.

158 

Schreibe diese Noten:

159 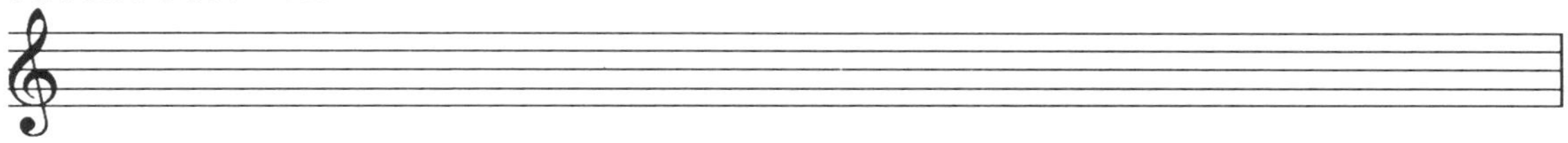

fis' es" g' h' as" cis' e' d" f" b' es' h' g" a" c' fis" a' gis'

160 **Für Spitzfindige:** Schreibe ein **fes'**: Kannst Du es enharmonisch verwechseln?

Schreibe ein **his'**: Kannst Du es enharmonisch verwechseln?

161 In der Hängematte

C.Sch.

Béla Bartók

1881-1945

Das Denkmal von Béla Bartók in Budapest

Béla Bartók ist einer der bedeutendsten modernen Komponisten. Er schrieb nicht nur grosse Orchesterwerke und Streichquartette, sondern auch Werke für Schüler. In seiner ungarischen Heimat begann er schon mit sechs Jahren zu musizieren, und mit neun schrieb er bereits kurze Klavierstücke. Er studierte an der königlichen Musikakademie in Budapest und war dort von 1907 bis 1934 Professor für Klavier. Daneben erforschte er die Musik der ungarischen und rumänischen Bauern. Er reiste auch nach Nordafrika, um arabische Musik auf Platten aufzunehmen. Das Ergebnis dieser Arbeit prägte seine eigenen Kompositionen.

Aus politischen Gründen ging Bartók im zweiten Weltkrieg nach New York, wo er unter grossen finanziellen Schwierigkeiten lebte. Nach fünf Jahren, kurz bevor er nach Ungarn zurückkehren wollte, starb er fast unbeachtet. Er hat es nicht mehr erlebt, wie seine Werke zu den meistgespielten der modernen Musik wurden.

162 **Jószágigézö** (reizendes Lied)

Wenn nicht immer alle spielen, werden Unterschiede in der Lautstärke erreicht.

Béla Bartók (1881-1945)

* **1. Stimme:**
Halte die Flöte mit Daumen (unter dem Loch), Mittelfinger und Lippen und beginne schon im Takt 46 mit der rechten Hand die Seite zu drehen!

** **2. Stimme:**
Du hast die rechte Hand frei zum Umblättern. Kannst Du es zuerst auch für einen Spieler der 3. Stimme tun?

*** **3. Stimme:**
Setz Dich neben jemanden, der die 2. Stimme spielt, und bitte ihn, für Dich umzublättern!

allegro, giocoso	lustig, scherzhaft
meno mosso	weniger bewegt
allargando al	langsamer werden bis
pesante	schwer, schleppend
vivace, scherzando	lebhaft, scherzend
Tempo I	1. Tempo
♩= 84	84 Schläge pro Minute

Das Metronom (Taktmesser)

Wenn das Metronom aufgezogen ist (andere Modelle laufen an einer Batterie), tickt das Pendel regelmässig hin und her. Die Geschwindigkeit wird durch das Verschieben des Gewichtes reguliert. Die Skala gibt an, wieviele Schläge pro Minute das Pendel macht und welchem Tempo dies entspricht (Largo, Presto usw.).

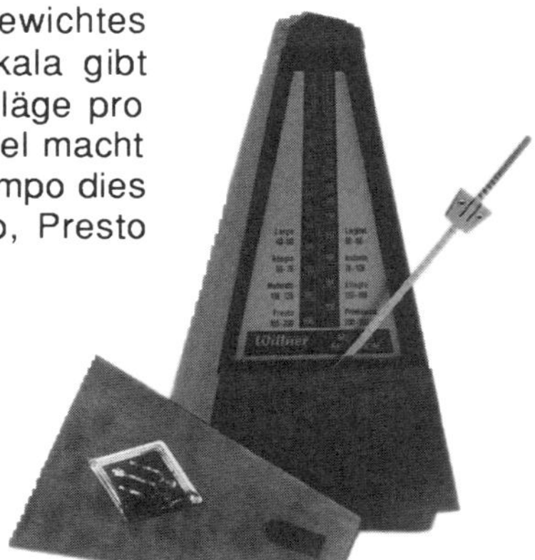

163 Choralvorspiel aus der Kantate Nr.147

J. S. Bach (1685-1750)

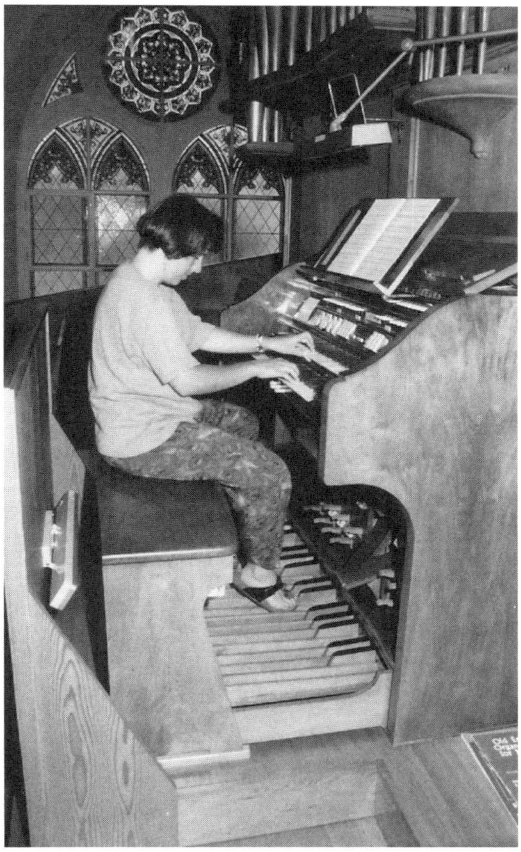

Die Orgel, auf dem Bild oben hat etwa 1100 Holz- und Metallpfeifen. Nur ein kleiner Teil davon ist sichtbar. Es gibt ganz grosse Orgeln mit über 30 000 Pfeifen. Die kleinsten sind etwa so dünn wie ein Bleistift und nur wenige Zentimeter lang, die grössten können bis zehn Meter lang und so dick sein, dass zwei Männer gleichzeitig hindurchkriechen können. Die Holzpfeifen sind vierekkig und funktionieren wie Deine Blockflöte. Sie haben natürlich keine Löcher, jede erzeugt nur einen Ton. Die Metallpfeifen nennt man auch Zungenpfeifen, weil sie in ihrem Innern kleine Metallzungen haben, die wie die Rohrblätter der Oboe fibrieren.

Mit den Registern kann der Organist einstellen, in welche Pfeifenreihen die Luft strömen muss, wenn er spielt. Die Pfeifenreihen sind unterschiedlich gebaut und ahmen verschiedene Instrumente nach. So steht zum Beispiel auf den Registern: *Trompete, Oboe, Violine, Flöte, Holzflöte* etc. Mit ihren verschiedenen Klangfarben kann eine Orgel wie ein ganzes Orchester tönen. An die Orgel im Schloss Tarasp ist sogar ein richtiges Glockenspiel angeschlossen.

Die Orgel auf dem Bild hat zwei Manuale (Klaviaturen). Jedes kann verschieden registriert werden. Organisten spielen auch mit den Füssen. Alle diese Noten spielt ein Organist allein:

aus einer Fuge von J. S. Bach

Luigi Cherubini (1760-1784)

164 

W. A. Mozart (1756-1791)

165 

166 Spiele 'Alle meine Entchen' in D-Dur! Beginne mit dem oberen d''!

167 **Swaggering Boney** (Prahler Napoleon)

England, Ende 18. Jahrhundert

Man könnte noch an anderen Stellen Praller und Mordente setzen. Willst Du es versuchen?

168 Marsch

Johann Christoph Faber, ca. 1720

* ev. Hilfsgriff für cis" gefolgt von h2:

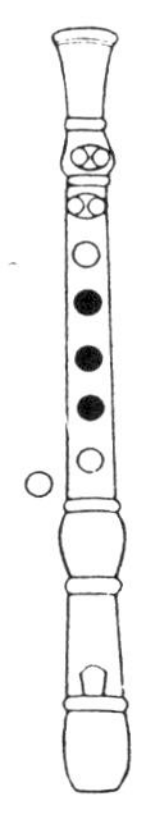

Die Intervalle

Intervall heisst Zwischenraum und bedeutet der Abstand zwischen zwei Tönen.

Die Grundformen der Intervalle

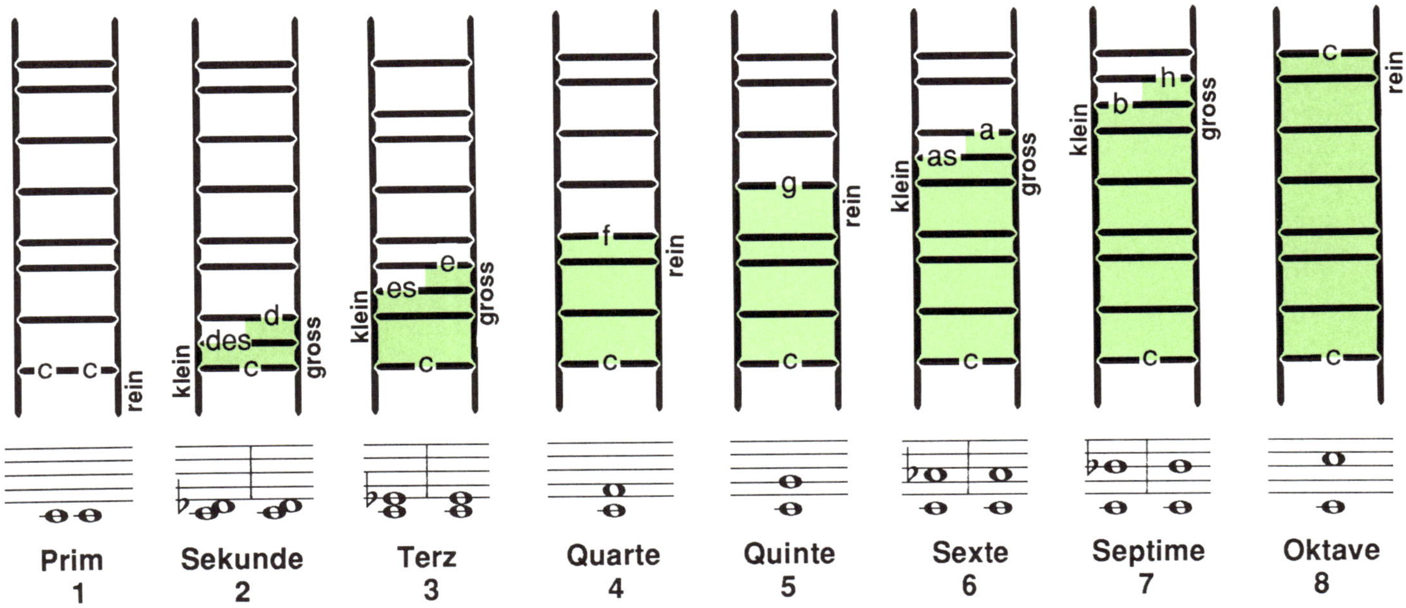

Um ein Intervall zu bestimmen, zählst Du auf der Tonleiter ab, wieviele Töne das Intervall umfasst (den ersten und letzten Ton mitzählen). Die Namen der Intervalle (Prim, Sekunde, Sexte usw.) sind die lateinischen Bezeichnungen für 'der erste', 'zweite', 'sechste' usw.

Wird die Grundform um einen halben Ton vergrössert, so erhalten wir eine **übermässige** Terz, Quarte usw.
Wird die Grundform um einen halben Ton verkleinert, so erhalten wir eine **verminderte** Quinte, Sexte, usw.

169 Schreibe die angegebenen Intervalle auf!
Du brauchst dabei nicht auf klein, gross, übermässig und vermindert zu achten.

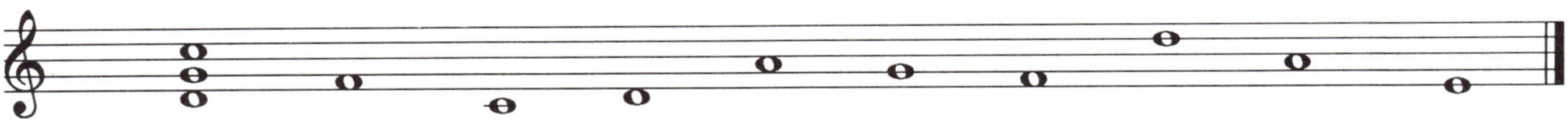

2 Quarten * 4 Terzen * 2 Quinten * 1 Sexte 1 Oktave 1 Septime 2 Quarten * 2 Terzen * 1 Sekunde 2 Quinten *

* übereinander

170 Schreibe die Intervalle an!
Du musst nicht bestimmen, ob sie klein, gross, übermässig oder vermindert sind.
Willst Du es trotzdem versuchen, dann können Dir die Leitern dabei helfen.

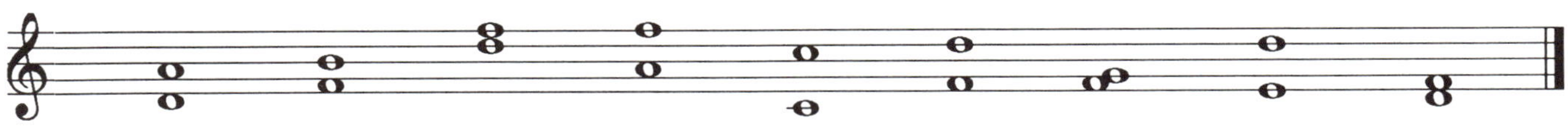

______ ______ ______ ______ ______ ______ ______ ______ ______

171

Joseph Haydn
1732-1809

Josef Haydn wurde in Oesterreich, nahe der ungarischen Grenze, geboren. Sein Vater ermöglichte ihm eine musikalische Ausbildung. Haydn schlug sich in seinen jungen Jahren mit dem Erteilen von Musikstunden durch. Er komponierte nachts. Vielleicht schrieb er den Intervall-Kanon auf dieser Seite für seine Schüler. Mit 27 Jahren holte ihn der musikliebende Fürst Esterházy nach Ungarn. In Eisenstadt war Haydn 30 Jahre lang dessen Hofkapellmeister. Hier hatte er alle Hände voll zu tun: Er komponierte für die Oper des Fürsten, für dessen Marionettentheater, für die Kirche und für Konzerte.

Haydn war ein humorvoller, feinfühliger, ordnungsliebender und gläubiger Mensch. Folgende Geschichte gibt uns einen Einblick in seinen Charakter:

Der Fürst war bereits einige Wochen auf seiner Sommerresidenz, dem Schloss Esterháza, und nun beabsichtigte er, seinen Aufenthalt dort noch zu verlängern. Die Musiker, die er mitgenommen hatte, wollten aber nicht länger bleiben, denn sie hatten ihre Familien in Eisenstadt zurückgelassen und wünschten sehr, Frau und Kinder wieder zu sehen. Sie fragten Haydn um Rat, worauf er seine 'Abschiedssymphonie' schrieb. In dieser Komposition hört ein Instrument nach dem andern auf zu spielen. Die Musiker hatten die Anweisung, sobald ihre Stimme zu Ende war, das Licht am Notenständer zu löschen, die Noten zusammenzupacken und mit dem Instrument unter dem Arm fortzugehen. Der Fürst verstand, was sein Kapellmeister mit dieser Pantomime sagen wollte; am nächsten Tag durften alle heimgehen. Weil sich Haydn so väterlich um seine Musiker kümmerte, nannten sie ihn: 'Papa Haydn'.

30 Jahre blieb Haydn beim Fürsten Esterházy. Als dieser starb, zog Haydn nach Wien. Hier unterrichtete er einige Zeit Beethoven. Mit Mozart war er befreundet.Von Wien aus reiste er nach Italien, Spanien, Frankreich, Deutschland und England. Überall war er durch seine Kompositionen bereits bekannt.

Das grösste musikalische Ereignis in Europa war in jener Zeit wohl die Uraufführung seines Oratoriums 'die Schöpfung' im Jahre 1797. Die Leute waren so überwältigt von diesem Werk, dass sie es nicht nur hören, sondern auch selbst singen wollten. So entstanden da und dort Chöre. (Vergiss nicht, man konnte damals Musik nur im Konzert hören. Es gab weder Radio, noch Kassetten, noch CDs!)

Haydn starb mit 77 Jahren als gefeierter Komponist.

172

Josef Haydn (1732-1809)

173 Rondo (Allegretto)

Josef Haydn (1732-1809)

Satz: C.Sch.

174 Irischer Tanz

Du denkst wahrscheinlich, die Tuba werde nur in einer Blasmusik gespielt, aber Du könntest sie auch in einem grossen Sinfonieorchester sehen.

Da dieses Bassinstrument gross und schwer ist, steht es auf einem Ständer. In Blasmusiken kann es zum Marschieren aber auch umgehängt werden.

In die gleiche Instrumentenfamilie wie die Tuba gehört das Sousaphon. Es wurde nach dem berühmten amerikanischen Marsch - Komponisten John Philip Sousa benannt. Das Rohr des Sousaphons hat eine gewundene Form, die dem Spieler um den Körper herum geht. Der riesiger Trichter (Stürze) ragt weit über den Kopf hinaus. Hast Du schon einmal ein Sousaphon gesehen?

Zur Lautstärke

Sicher hast Du schon gemerkt: Je stärker Du in die Flöte bläst, je lauter wird der Ton. Er wird jedoch nicht nur lauter, sondern auch etwas höher. Trotzdem kann man auf der Blockflöte laut und leise spielen, ohne dass es unrein klingt. Um ***forte*** zu spielen, verwendet man Hilfsgriffe, die bei normalem Blasdruck zu tief klingen; um ***piano*** zu spielen, verwendet man Hilfsgriffe, die normalerweise zu hoch klingen. Da dies recht schwierig ist, findest Du in vieler Blockflötenliteratur keine Zeichen zur Dynamik (***f, p*** usw.).

Das Spiel einer Gruppe kann lauter und leiser klingen, wenn nicht immer alle mitspielen (siehe das Stück von Béla Bartók auf Seite 78). Möchtest Du allein ***piano*** spielen, kannst Du die Artikulation verändern: Spiele die Wiederholung, die wie ein (leiseres) Echo klingen sollte, z.B. staccato. Auch mit dem 'schrägen Ansatz' (siehe Seite 103) kannst Du leiser spielen.

Hier die Bedeutung der dynamischen Zeichen, falls Du sie irgendwo antreffen solltest:

pp	***cresc.*** (<)	***p***	< ***mp***	< ***mf***	< ***f***	< ***ff***	***decresc.*** (>)	***f***	> ***mf***
pianissimo	**crescendo**	**piano**	**mezzopiano**	**mezzoforte**	**forte**	**fortissimo**	**decrescendo**	**forte**	**mezzoforte**
sehr leise	lauter werden	leise	mittelleise	mittellaut	laut	sehr laut	leiser werden	laut	mittellaut

175

Fun Boogie

Die ersten Spritzer werden verteilt:

Nathanael Schmid (geb. 1978)

1. Stimme: und dann 2. Stimme:

Jetzt geht's los:

Für ganz mutige Wasserratten:

zusätzlich zu den Takten 3 und 4, sowie 7 und 8:

zusätzlich zu den Takten 11 und 12:

176 Im Postauto über den Flüelapass

C.Sch.

Dreiklänge

Ein Dreiklang ist der Zusammenklang von drei Tönen im Abstand von zwei übereinanderliegenden Terzen.

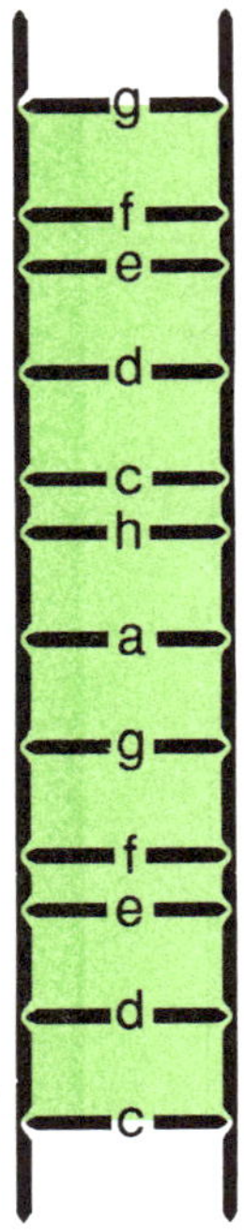

Wenn zwei oder mehr verschiedene Töne miteinander erklingen, so spricht man von einem **Akkord.** Der Dreiklang gehört zu den häufigsten und wichtigsten Akkorden.

In diesem Buch gibt es sehr viele Akkordangaben. Weisst Du, was damit gemeint ist? Steht über den Noten z. B. ein (grosses) **G**, so bedeutet das, dass die Begleitung aus den Tönen des G-Dur-Dreiklangs (g-h-d) besteht. Ist die Akkordangabe ein (kleines) **g**, so werden für die Begleitung die Töne des g-Moll-Dreiklangs (g-b-d) gebraucht.

Es gibt vier verschiedene Arten von Dreiklängen:

- **Dur:** unten eine grosse, darüber eine kleine Terz (do - mi - so)
- **Moll:** unten eine kleine, darüber eine grosse Terz (la - do - mi)
- **vermindert:** zwei kleine Terzen übereinander
- **übermässig:** zwei grosse Terzen übereinander

Wo sind bei dieser C-Dur-Tonleiter die grossen und wo die kleinen Terzen?

Dreiklänge auf allen Stufen der C-Dur-Tonleiter:

177

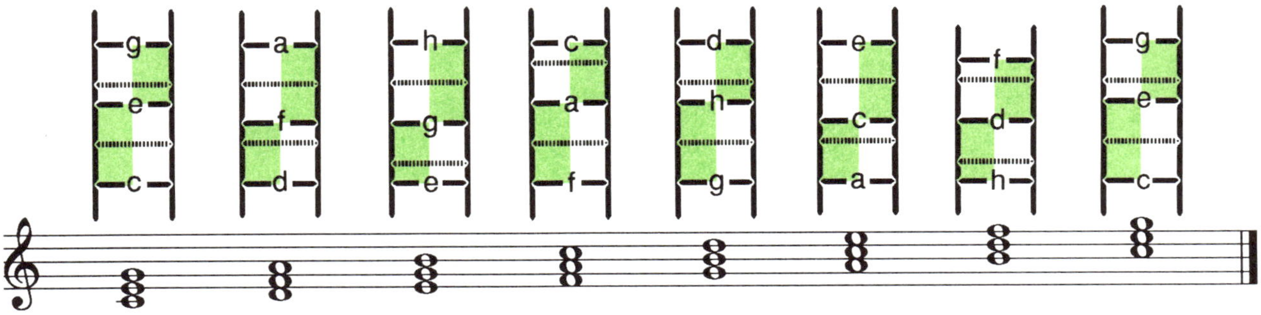

Akkordbezeichnung: (Grossbuchstabe = Dur, Kleinbuchstabe = Moll)	C Dur	d Moll	e Moll	F Dur	G Dur	a Moll	h verm.	C Dur
Stufe:	I (1)	II (2)	III (3)	IV (4)	V (5)	VI (6)	VII (7)	I (1)

Drei Schüler spielen irgend einen Akkord (ausser h verm.) von Nr. 177.
Wer von den Zuhörern kann sagen, ob es ein Dur- oder ein Mollakkord ist?

178 Setze die Vorzeichen der angegebenen Tonart!
Schreibe den Dur-Dreiklang vom Grundton aus!
Benenne die Töne!

179

Viele Melodien beginnen mit einem Dreiklang.

Spiele diese Liedanfänge verschiedenen Leuten vor! Wer kennt am meisten der Lieder?

Trage die Taktangabe ein (auch bei **a**)!

Gib die Tonart an und schreibe den **Liedanfang!**

Spiele die Lieder nach dem Gehör zu Ende!

a

b

c

d

e

f

g

h

Wer kennt diese Melodie? ....

i

180 Morning has broken

Cat Stevens

181 Schreibe und spiele die C-Dur Tonleiter über zwei Oktaven:

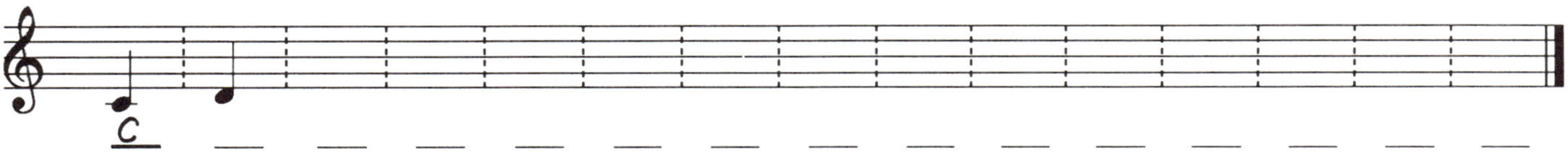

182 **Alla Turca** (Türkischer Marsch)

W. A. Mozart (1756-1791)

Alla Turca ist nicht so schwer, wie es aussieht. Spiele zuerst ganz langsam und zähle die Achtel!

183 Viele verachten die edele Musik

Joh. K. Bachofen (1697-1755)

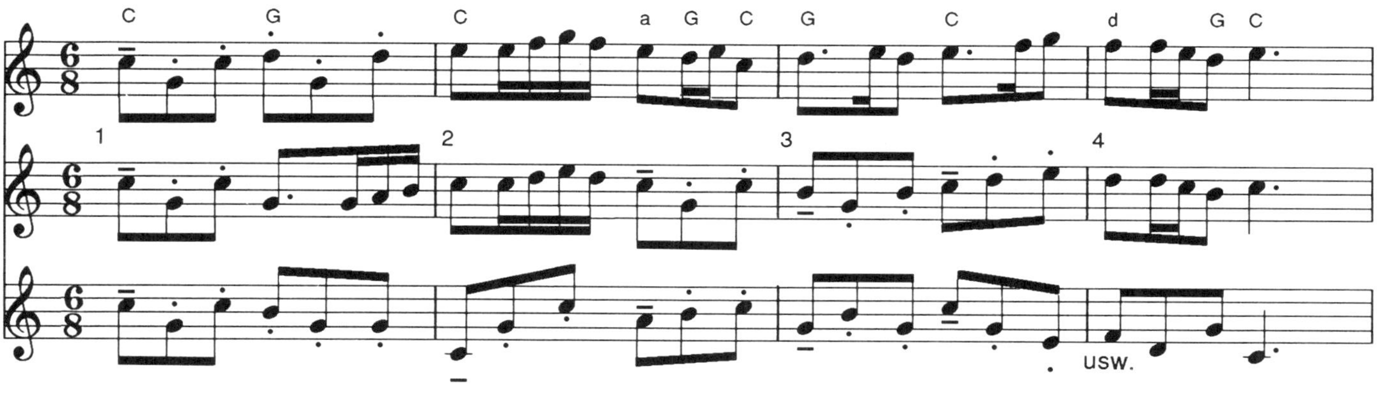

Aus: Willi Gohl, Der Singkreis,
Hug & Co. Musikverlage Zürich,
Edition zum Pelikan,
Postfach, CH-8022 Zürich

In einem Musiklexikon steht: 'Die Orgel (siehe Seite 81) entwickelte sich aus der Panflöte.' Wer kann das erklären?

Ludwig van Beethoven wurde 1770 in Bonn geboren. Auf dem Bild nebenan siehst Du sein Geburtshaus. Sein Vater, ein Musiker, gab ihm den ersten Unterricht. Mit neun Jahren bekam er einen hervorragenden Lehrer, der Hoforganist war. Als Josef Haydn 1787 Bonn besuchte, riet er Beethoven, nach Wien zu ziehen, um ein Schüler Mozarts zu werden.

Doch kurz nach seiner Ankunft in Wien starb seine Mutter, was ihn sehr traf. Er musste nach Bonn zurückkehren. Mit dem Geld, das er als Bratschist in einem Orchester verdiente, unterstützte er nun auch seine Geschwister.

Als Beethoven zum zweiten Mal nach Wien kam, war Mozart bereits gestorben. Beethoven wollte dessen Stellung als Musiker und Komponist der Stadt einnehmen. Die Begabung dazu hatte er, aber oft schockierte er die Leute durch sein schnelles Aufbrausen und sein ungehobeltes Benehmen.

Mit 28 Jahren bekam Beethoven ein Ohrensausen, das ihn manchmal fast wahnsinnig machte. Allmählich verlor er das Gehör ganz. Beim verzweifelten Versuch, sein Spiel zu hören, ruinierte er mehrere Klaviere. Als er sich mit seinem Leiden abgefunden hatte, komponierte er wieder, konnte seine Musik aber nie selber hören.

Einmal organisierten Freunde für ihn ein Konzert. Seine 7. Sinfonie wurde aufgeführt. Er dirigierte, aber jedermann konnte deutlich sehen, dass er die Musik nicht hörte. Es kam vor, dass er für ein ***forte*** in der Luft herumfuchtelte, aber die Musiker mussten ***piano*** spielen. Sie wussten, dass sie sich nicht auf den Dirigenten verlassen konnten.

Ludwig van Beethoven
1770-1827

35 Jahre lang lebte Beethoven in Wien. Während dieser Zeit zog er 33mal um. Der Grund dafür war einzig eine Art Wanderlust. Wenn er komponierte, sah es in seinem Zimmer etwa so aus: In Nachthemd und Morgenrock schrieb er bis tief in die Nacht hinein. Die Luft war dick vom Pfeifenrauch, überall lag beschriebenes Notenpapier herum. Oft schüttete er kaltes Wasser über sich, um sich zu erfrischen und neue Ideen fürs Komponieren zu bekommen.

1826 war Beethoven mehrere Monate krank. Ein Freund schenkte ihm ein Buch mit Kompositionen von Händel. Das Lesen der Noten erfreute den tauben Beethoven so, als wenn er die Musik richtig hören würde. Im Alter von 56 Jahren starb er. Wien bereitete ihm ein königliches Begräbnis. Etwa 10 000 Menschen nahmen daran teil, darunter Dichter, Schauspieler, Sänger und Musiker.

184 **Kanon** für Mälzel, der 1815 das Mertronom erfunden hatte

Ludwig van Beethoven (1770-1827)

Zwei deutsche Tänze von Ludwig van Beethoven

185

Ludwig van Beethoven (1770-1827)

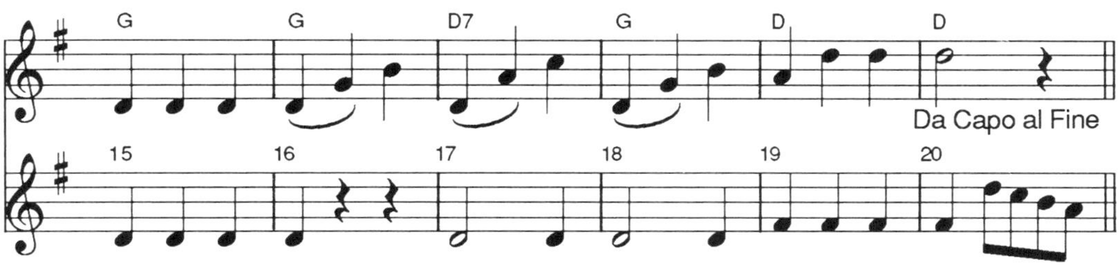

Spielweise:
Takte 1 bis 8
1 bis 4 / 9 bis 20
1 bis 4 / 9 bis 20
1 bis 4 / 9 bis 12

186

Ludwig van Beethoven (1770-1827)

2. Stimme bei der Wiederholung:

(Es können auch alle drei Stimmen zusammen gespielt werden.)

187 John B.

Volkslied von den Bahamas

Satz: C.Sch.

Begleite mit Schlaginstrumenten! Erfinde selber einen Rhythmus oder schaue beim Lied nebenan!

188 Malaika

Begleitung mit Schlaginstrumenten:

Weisst Du noch, was Synkopen sind? Suche sie in diesem Lied!

aus Ostafrika

Satz: C.Sch.

Sprache: Kisuaheli. 'Malaika' ist ein Mädchenname

Der Triller

~~~ *tr* +

Der Triller kann auf viele verschiedene Arten gespielt werden.
Hier sind nur einige Möglichkeiten aufgeführt.

Die Unterschiede bestehen hauptsächlich in:

schnell getrillert	- langsam getrillert
mit Vorhalt (V)	- ohne Vorhalt
mit Nachhalt (N)	- ohne Nachhalt
oben beginnend	- mit dem Trillerton beginnend
mit Nachschlag (NS)-	ohne Nachschlag

1. Der Triller beginnt (meistens) **mit der oberen Nebennote, wird mit oder ohne Vorhalt (V) gespielt und endet mit Nachhalt (N).**

So steht es:

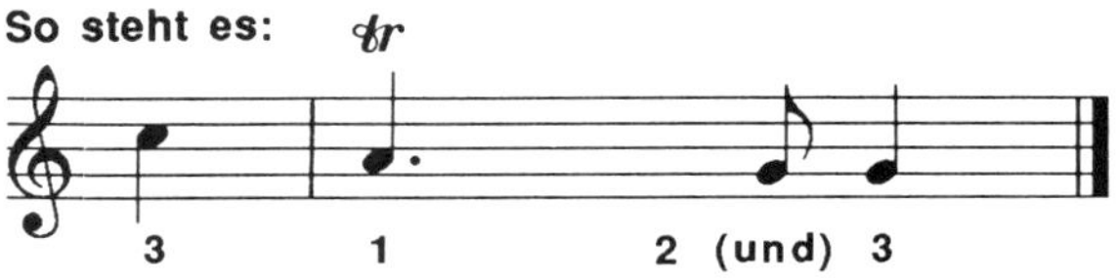

oben beginnend
ohne Vorhalt
langsam getrillert
mit Nachhalt (N)

So wird es gespielt (Ausführung):

oben beginnend
mit Vorhalt (V)
schnell getrillert
mit Nachhalt (N)

Ausführung 2:

2. Der Triller darf mit dem Trillerton beginnen (muss aber nicht),

wenn die Note vor dem Triller gleich der obern Nebennote ist oder wenn die Melodie aufsteigend ist (siehe Beispiel Nr. 3 mit Nachschlag).

So steht es:

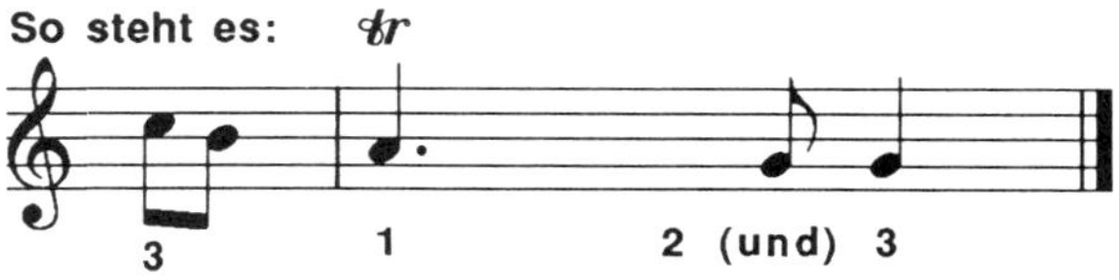

Ausführung:

3. Triller mit Nachschlag (NS)

So steht es:

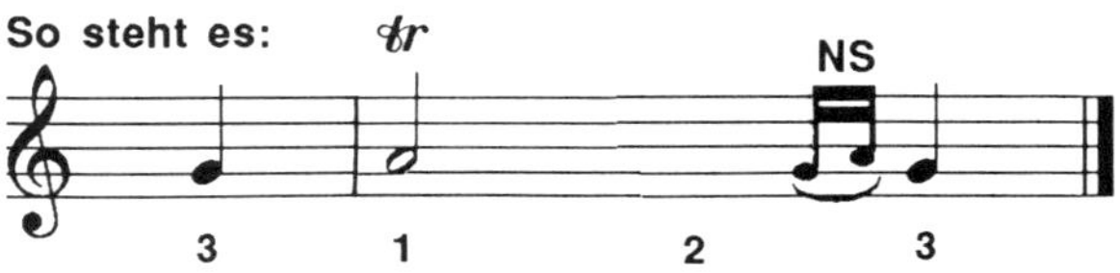

Ausführung:

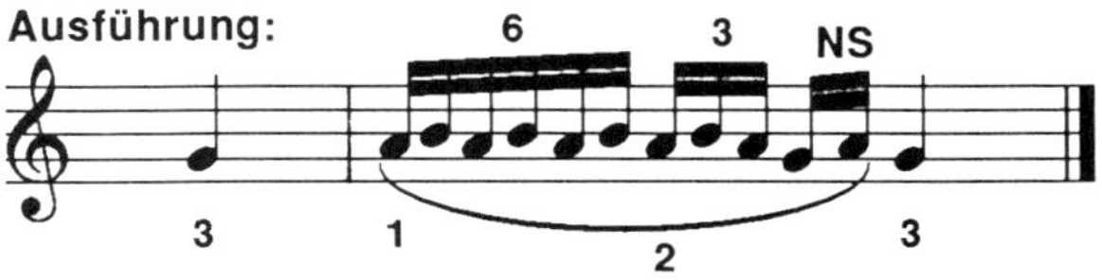
~~~

Trillerhilfsgriffe

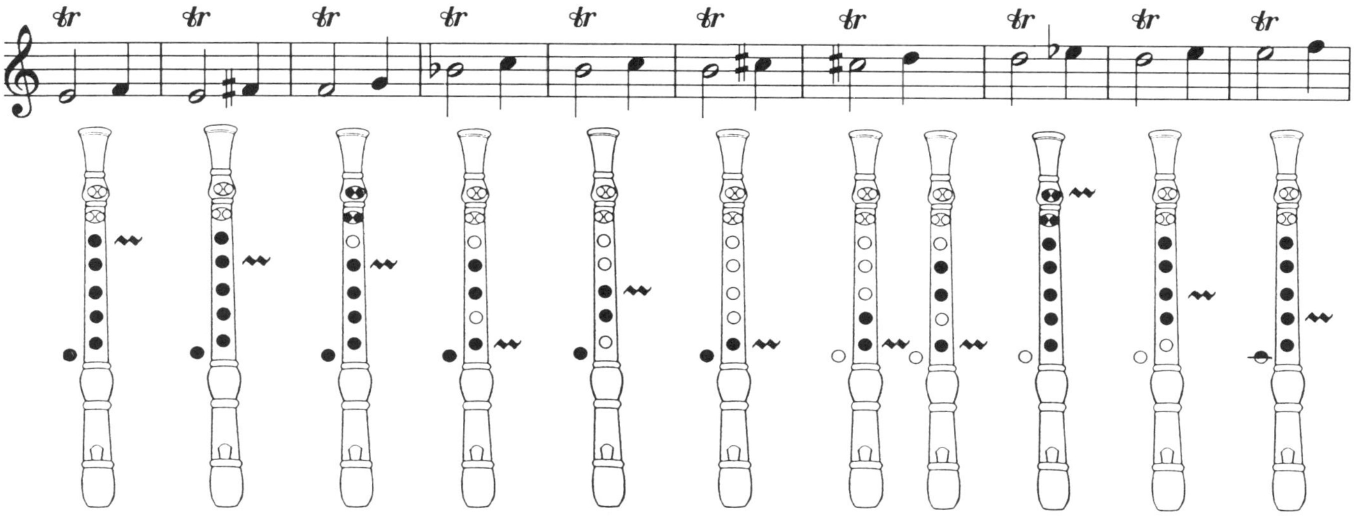

Bei Trillern mit Hilfsgriffen, die mit der oberen Nebennote beginnen, greift man für diesen ersten Ton den Normalgriff.

189 Vorübung für Nr. 190

Dies ist einfach ein Vorschlag, man könnte den Triller auch anders spielen.

Übe die Takte 3 und 4 / 9 und 10 / 14 und 15 / 20 und 21 nach den folgenden Mustern!
Spiele zuerst Ausführung 1. Versuche später auch Ausführung 2 sauber zu spielen.

Ausführung 1: langsamer Triller, oben beginnend, mit Nachhalt.

Ausführung 2: schneller Triller, oben beginnend, mit Nachhalt.

190 Allegro

nach Robert Valentine
(ca. 1680 - ca. 1735)

191 Hänschen klein

Volkslied

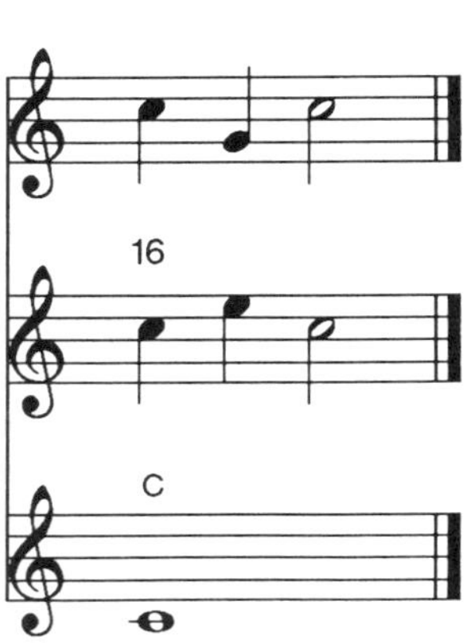

Satz: C.Sch.

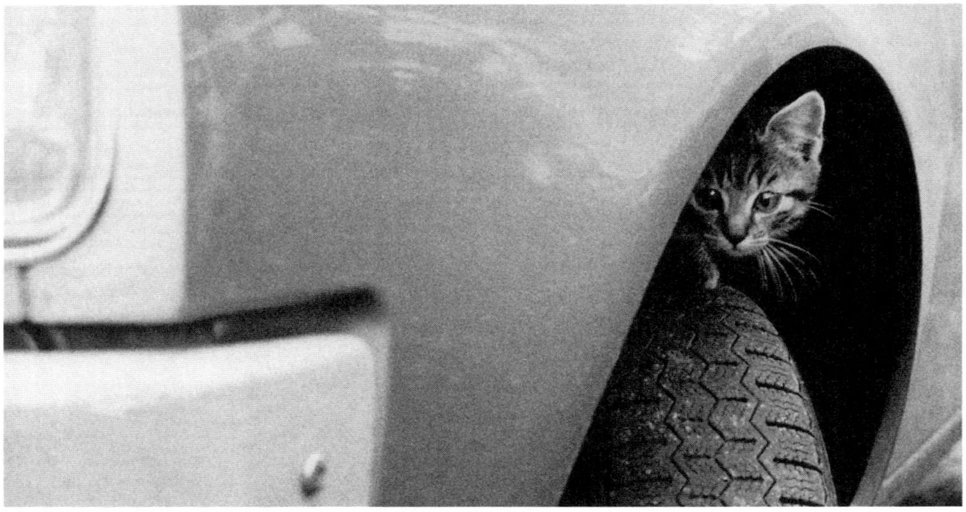

192 The British Grenadiers

aus England

Satz: C. Sch.

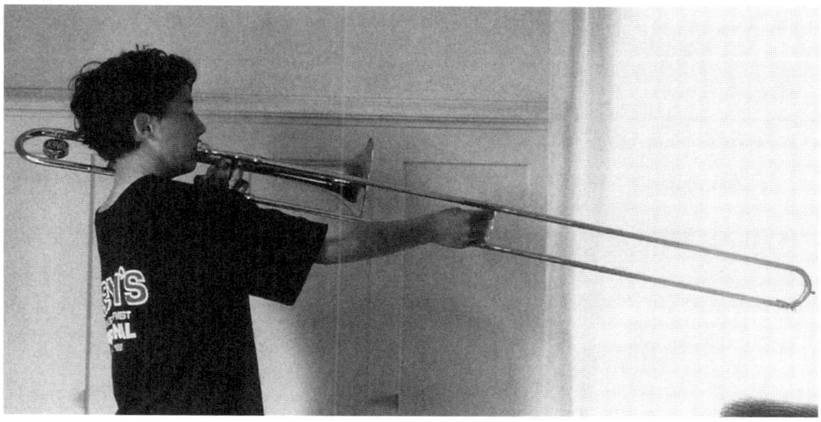

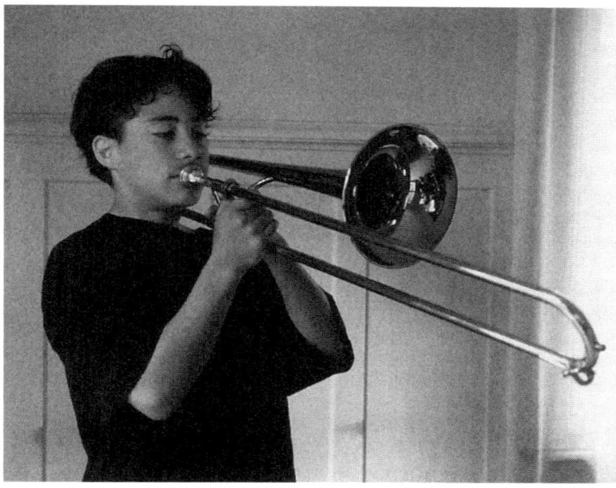

Bei der Zugposaune entstehen die verschiedenen Töne durch Verlängern und Verkürzen des Rohres, durch Anspannen der Lippen und durch mehr oder weniger starkes Blasen. Ein Posaunist braucht ein gutes Gehör, und sein Arm muss sich erinnern, wie weit er den Zug zu schieben hat, um ein bestimmtes Intervall zu spielen. Mit diesem Instrument lässt sich ein Glissando sehr gut spielen (gleitender Übergang von einem Ton zum andern).

Ahme einen Zugposaunisten nach, der diese Melodie spielt:

193 El Condor Pasa

aus Südamerika

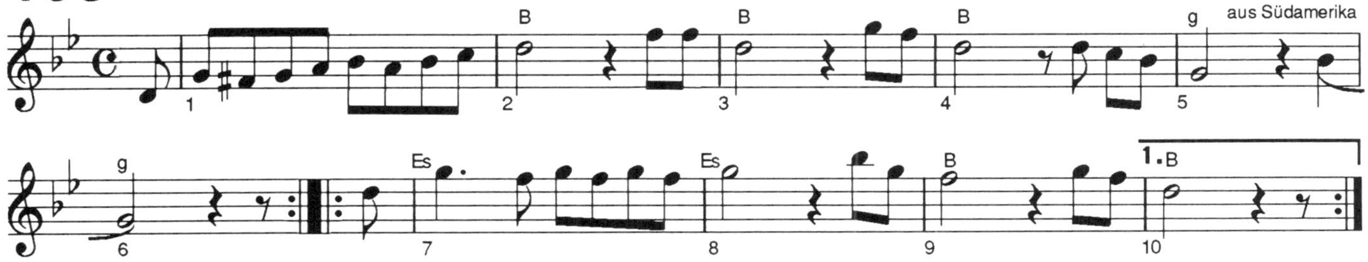

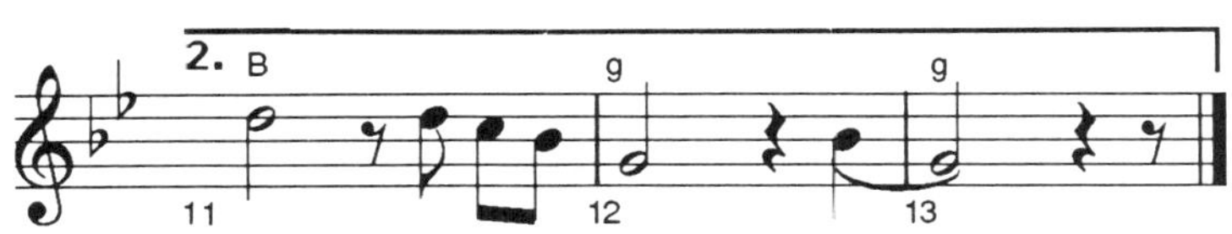

Begleitung in Quinten:

usw.

Ein Komponist des 20. Jahrhunderts:

Hans Ulrich Lehmann
geb. 1937

Bisher hast Du in diesem Buch noch keinen Komponisten der Gegenwart kennengelernt. Natürlich leben auch heute Männer und Frauen, die Musik schreiben.

Hans Ulrich Lehmann zählt zu den Komponisten unserer Zeit. Bevor er selber einige Fragen beantwortet, kurz etwas über seine bisherige Tätigkeit:
Hans Ulrich Lehmann war Lehrer für Cello. An den Universitäten Zürich und Bern unterrichtete er Musiktheorie und Neue Musik, ab 1972 war er Lehrer für Komposition an der Musikhochschule in Zürich. Seit 1976 ist er Direktor des Konservatoriums und der Musikhochschule Zürich und 1991 wurde er Präsident der Schweizerischen Urheberrechtsgesellschaft SUISA. (Eine solche Institution haben sich Telemann, Schubert u. a. sehr gewünscht!)

Frage: *Herr Lehmann, haben Sie auch in der Schule Blockflöte gelernt, und wie alt waren Sie, als Sie die erste Cellostunde besuchten?*

H. U. Lehmann: Ich habe, schon bevor ich zur Schule ging, eine Blockflöte erhalten und nach einem Lehrbuch selber spielen gelernt, doch nur bis ich mit sieben Jahren Cellostunden bekommen habe.

Frage: *Haben Sie schon als Kind komponiert? Wollten Sie schon immer Musiker werden?*

H. U. Lehmann: Die ersten Kompositionsversuche machte ich in meiner Gymnasialzeit; doch glücklicherweise ist dies alles verloren. Schon damals wollte ich Musiker werden.

Frage: *Komponieren Sie aus lauter Freude oder nur dann, wenn Sie einen Auftrag haben?*

H. U. Lehmann: Früher, da war es anders. - Heute lässt mir meine Arbeit höchstens in den Ferien Zeit zum Komponieren. So schreibe ich meist nur noch, wenn ich einen Auftrag erhalte oder für Freunde.

Frage: *Komponieren Sie am Klavier, am Computer oder am Schreibtisch?*

H. U. Lehmann: Am Schreibtisch. So muss ich meine Klang- oder Formvorstellungen innerlich genau aushören.

Frage: *Wo werden Ihre Kompositionen aufgeführt?*

H. U. Lehmann: Natürlich vor allem in der Schweiz, aber auch oft im Ausland, etwa in Deutschland, Oesterreich, Skandinavien, Japan, den USA - einmal gab es sogar eine Aufführung auf Hawaii!

Frage: *Haben Sie einen Lieblingskomponisten?*

H. U. Lehmann: Ich habe eigentlich viele. Wenn ich einen einzigen auswählen müsste, dann wäre es Mozart. Seine Musik ist mir am nächsten. Er ist mir auch ein Vorbild, obwohl ich ganz anders komponiere.

Danke, dass Sie uns einen kleinen Einblick in Ihr Leben gegeben haben.

Die Musik, die Hans Ulrich Lehmann schreibt, ist selbst für Musiker sehr anspruchsvoll. Hier siehst Du eine Linie aus **flautando** für drei Blockflöten (Alt und Tenor), das er 1981 komponiert hat:

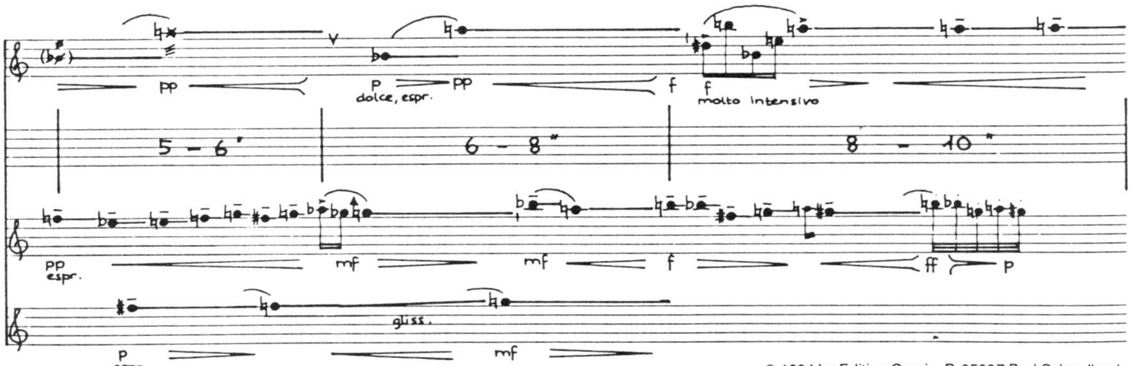

In zahlreichen Werken der Neuen Musik werden keine Takte und Taktstriche mehr verwendet. Die ungefähre Dauer eines Abschnittes wird in Sekunden angegeben. Das gibt den Musikern viel Freiheit in der Gestaltung, aber zugleich auch viel grössere Verantwortung.

Verschiedene Klangeffekte

In zeitgenössischen Werken werden oft spezielle Spieltechniken verwendet. Du kannst diese auch anwenden, wenn Du Geschichten, Bilder oder Situationen vertonst. Hier eine Auswahl davon:

1. Das Glissando Die Finger werden langsam, einer nach dem andern vom Loch weggezogen (nicht abheben) und wieder darauf geschoben (keine Gabelgriffe wie f', b' usw.).

Beispiel: Das Heulen der Eule auf Seite 65.

Die Luftschutzsirene:

2. Das Atemglissando: Derselbe Ton wird durch mehr oder weniger Blasdruck höher und tiefer.

Beispiel: Eine Mücke saust um meinen Kopf:

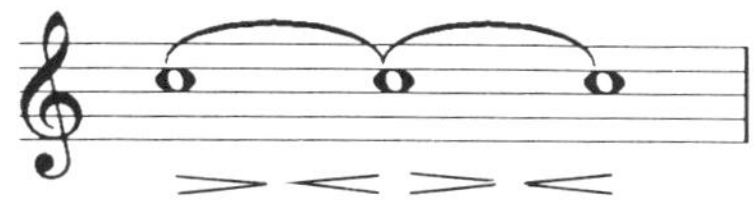

3. Tanzende Finger: Einige Finger öffnen und schliessen die Löcher, indem sie unregelmässig darauf auf und ab tanzen.

Beispiel: Vogelgezwitscher: Die Finger der rechten Hand tanzen, und die Töne werden überblasen.

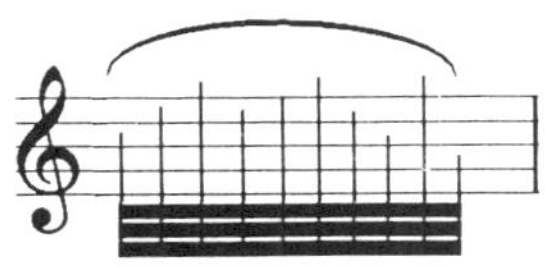

4. Der Intervalltriller: Der klassische Triller trillert in kleinen oder grossen Sekunden. Man kann aber auch in Terzen, Quarten usw. trillern:

Beispiel: Terzentriller:

Quartentriller:

5. 'Schräger' Ansatz: Wenn Du Deine Flöte schräg hältst und einen Teil der Luft an der Kernspalte vorbeiströmen lässt, entsteht ein dumpfer, windiger Ton, ähnlich einer Quena (südamerikanische Holzflöte ohne Block). Du kannst den 'schrägen' Ansatz auch einsetzen, um ***piano*** zu spielen.

6. Verschiedene Anblasarten:

Flatterzunge: 'trrrrrrrrrr..' siehe Seite 23

Lippenansatz: 'P' , 'B' , 'F' usw.

Beispiel: Die ersten Regentropfen fallen in den Teich:

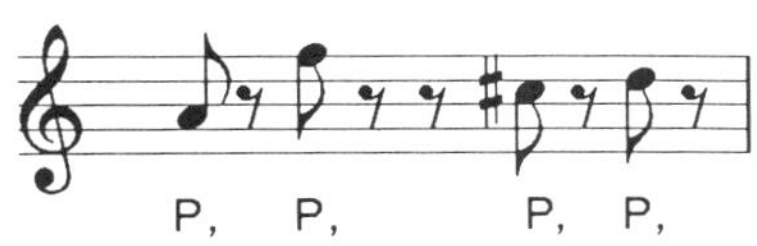

Kehlkopfansatz 'g' , 'k'

Beispiel: Lockruf des Blaukehlchens:

Sputato: 'Tsch' , 'Ts', usw.

Sputato tönt auch lustig, wenn Du den Mund nach der Artikulation leicht öffnest.

Beispiel: Kampf zweier Schlangen:

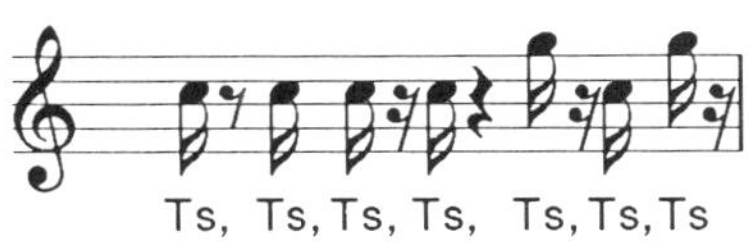

Die ersten Filme hatten noch keinen Ton (Stummfilme). In vielen Kinos gab es Orgeln, auf denen ein Musiker während der Vorstellung spielte. Seine Musik untermalte das Geschehen auf der Leinwand. Versuche es auch!

- 'Erzähle' eine Bildergeschichte mit Deiner Flöte! Dein Lehrer hat sicher einige - oder wie wär's mit Papa Moll?
- Spiele zu einem Bild und lass Deine Mitschüler erraten, welches es war!
- Dein Mitschüler liest eine Kurzgeschichte, und Du spielst dazu. (Du kannst auch längere Pausen machen.)
- Erfinde selber eine Geschichte und spiele sie!

- Vertont ein Gewitter: aufkommender Wind, langsam einsetzender Regen, Blitz, Donner, Feuerwehr.... usw.!
- Wer hat weitere Ideen?

194 **Der Frühling** (aus: Die vier Jahreszeiten)

Antonio Vivaldi (1678-1741)

Wer erzählt in der nächsten Stunde etwas über Antonio Vivaldi? In einem Lexikon findest Du sicher Angaben.

195 Country Gardens

aus England

Satz: C.Sch.

Die vier Saitenpaare der Mandoline sind wie die Saiten einer Geige gestimmt (g/d'/a'/e"). Sie werden mit einem Plektron (Plättchen aus Kunststoff) angerissen. Da der Ton der Mandoline relativ schwach ist und nicht nachklingt, tremoliert der Spieler bei langen Tönen, das heisst, er bewegt das Plektron auf einem Saitenpaar ganz schnell hin und her. Das gibt der Mandoline den charakteristischen Klang.

In ihrer Heimat Italien wird die Mandoline vor allem zum Spielen von Volksliedern verwendet. Auch die Tessiner begleiten ihre Lieder gerne auf diesem Instrument. Komponisten wie Vivaldi, Mozart und Beethoven haben kleine Stücke für Mandoline geschrieben.

196 I was Kaiser Bill's Batman

Spielweisen:

a) Die 2. Stimme spielt bei der Wiederholung Stimme 2a.

b) Die 2. Stimme wiederholt Linie 2, und 2a kommt bei der Wiederholung dazu.

c) Die 3. Stimme kann erst später dazu kommen.

d) Die Tenorstimme wird rhythmisch reizvoller, wenn man auf Schlag 3 eine Pause macht (ausser Takt 20).

e) Mit Schlaginstrumenten begleiten.

G G G7 C
13 14 15 16
C G D7 G C
17 18 19 20 21
G D7 1. G 2. G
a) jetzt ab Takt 5 Stimme 2a
22 23 24 25
sofort Takt 25

Satz: C.Sch.

Rhythmen zum Spielen, Begleiten und Stecken

Klatscht in regelmässigen Viertel (oder Achteln beim $\frac{6}{8}$-Takt) und sprecht die Taktsprache dazu!
Spielt mit verschiedenen Schlaginstrumenten! Versucht, wie bei einem Kanon nacheinander einzusetzen (nach einem Takt)! Oder gelingt es Euch gar, mehrere Linien zusammen zu spielen?

Wenn Ihr dazu noch mit den Klangstäben spielt, klingt es schon bald wie ein kleines Konzert (taktweise Stufen **I - VI - V - I**).

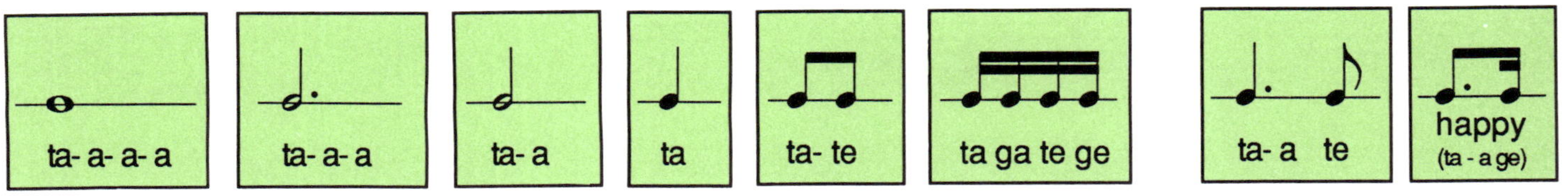

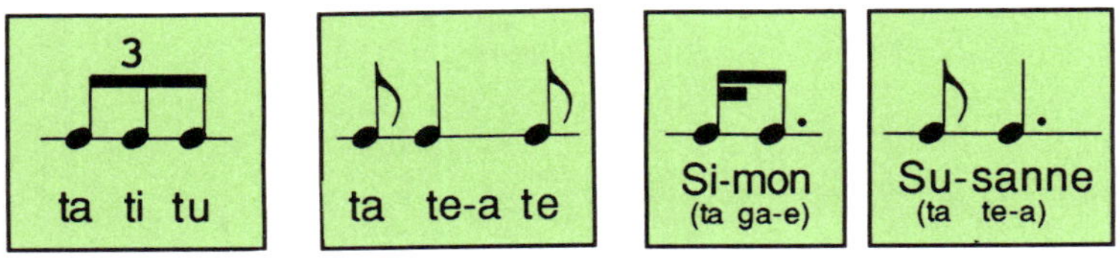

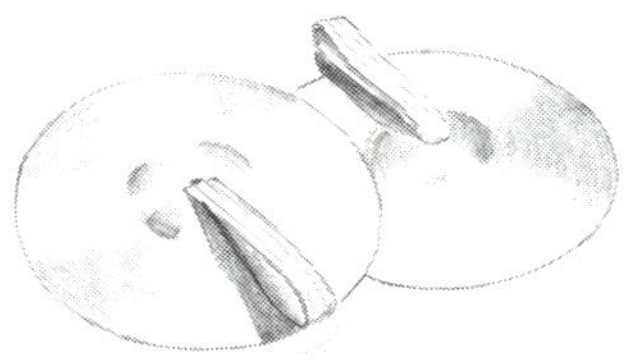
Cymbeln

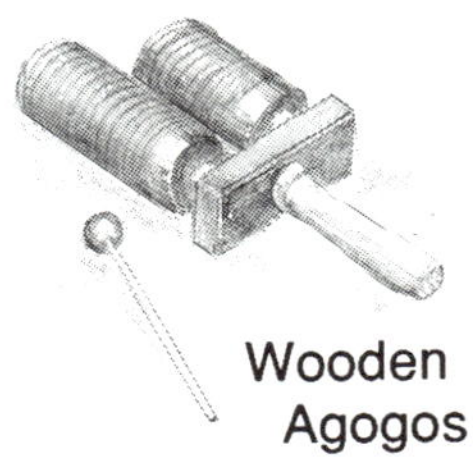
Wooden Agogos

$\frac{4}{4}$ - Takt

3/4 - Takt

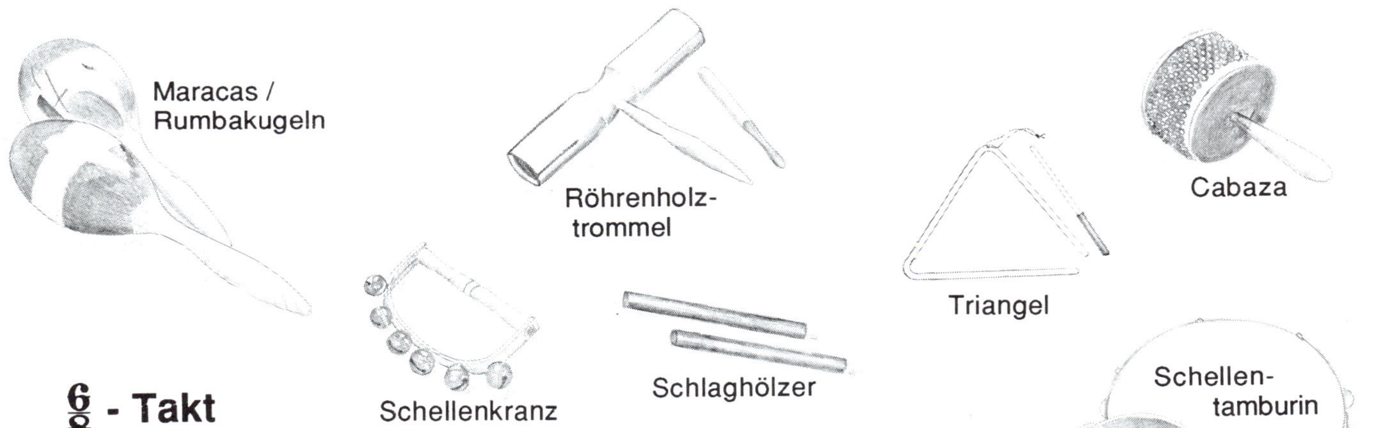

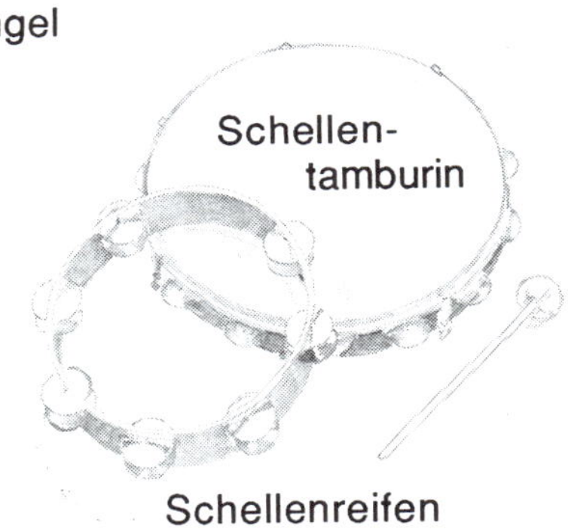

6/8 - Takt

Was bedeuten die Überschriften der verschiedenen Stücke in *Al Fine*?

Allegro schnell

Allegretto ziemlich lebhaft, etwas langsamer als Allegro

Boogie Klavier-Jazzstil aus dem Süden der USA

Calypso früher: Liedform auf den westindischen Inseln, ab 1955 Modetanz

Finale (ital.: = Ende) Bei mehrsätzigen Instrumentalstücken ist das Finale der letzte Satz.

Gavotte heiterer altfranzösischer Tanz im $4/4$ - oder $2/2$ -Takt

Jig 'Jig' ist die englische Ableitung von 'Geige', da diese Art von Unterhaltungs- und Tanzmusik im 6/8 Takt meistens von Geigen gespielt wurde. Jigs kommen vor allem aus Irland.

Moderato gemässigt

Menuett (franz.: 'menu pas' = kleiner Schritt) Französischer Tanz im $3/4$ -Takt

Rag (engl.: 'ragged time' = zerrissene Zeit) Ursprünglich eine Klavierspielweise mit synkopiertem Rhythmus in der rechten Hand, begleitet von durchlaufendem Schlag in der linken Hand

Ritornello (ital.: 'ritornare' = zurückkehren) Ein Thema wird zum Ritornell, wenn es nach verschiedenen Zwischenspielen immer wieder gespielt wird.

Rondo (ital.: Rundgesang) Das Thema erscheint wie ein Refrain immer wieder nach einem Zwischenspiel.

Rumba Kubanischer Volkstanz mit verlagerten Betonungsrhythmen, seit 1930 Modetanz

Schottisch Tanz aus Schottland, meistens im $2/4$ -Takt. Im frühen 20. Jahrhundert beliebter Paartanz der amerikanischen Cowboys

Die Komponisten, die Du kennengelernt hast, in ihren Zeitepochen

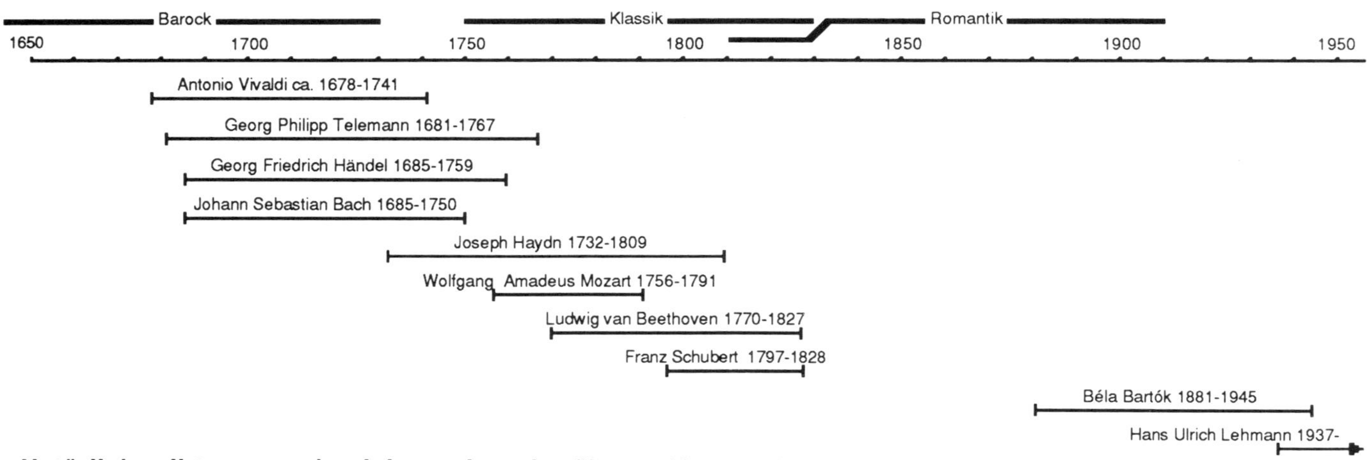

Natürlich gibt es noch viele andere berühmte Komponisten, deren Namen Du vielleicht schon gehört hast. Hier sind einige von ihnen:

Carl Maria von Weber (1786-1826)
Robert Schumann (1810-1856)
Felix Mendelssohn (1809-1847)
Frédéric Chopin (1810-1849)
Richard Wagner (1813-1883)
Giuseppe Verdi (1813-1901)

Johannes Brahms (1833-1897)
Johann Strauss Vater (1804-1849)
Johann Strauss Sohn (1825-1899)
Franz Léhar (1870-1948)
Peter Tschaikowsky (1840-1893)
Antonin Dvorák (1841-1904)

Claude Debussy (1862-1918)
Maurie Ravel (1875-1937)
Arthur Honegger (1895-1955)
Igor Strawinsky (1882-1971)
George Gershwin (1898-1937)
Carl Orff (1895-1982)

Auf welcher Seite lernen wir was?

Inhaltsverzeichnis der wichtigsten Lieder und Stücke